KB253273

21세기를 위한 목회 시리즈

The Dynamics of Preaching

역동적 설교

워렌 W . 위어스비 지음

고영민 . 김기원 옮김

워렌 W. 위어스비 편집

The Dynamics of
Preaching

WARREN W . WIERSBE

　　이 시리즈는 경험이 풍부한 목회자뿐 아니라 목회를 시작한 지 얼마 안된 목회자들에게도 효과적이며, 결실이 풍부하며, 기쁨을 누리는 사역을 수행하는 데 도움을 줄 간결한 정보를 제공하는 데 있다.

　　'목회' 라는 말은 '섬김' 을 의미한다. 그것은, 예수께서 그분의 삶을 통해 친히 보여주었을 뿐 아니라, 오늘날의 목회자들이 삶을 통해 실천하기를 기대하는 가치있는 일이다. 호칭이나 직위가 무엇이든 우리는 모두 교회 안에서 섬겨야 할 하나님의 백성이다.

　　'역동적' (dynamics)이라는 말은 '권능' 과 동의어로 사용한 것이 아니라, 기독교의 사역 속에서 이미 자취를 찾기 어려운 어떤 요소를 일깨우기 위해 사용하고 있다. 그러한 요소들은 명맥을 유지한다 하더라도 사라지고 있는 중이다. 진정한 성경적 목회란 끊임없는 도전과 변화, 배움과 성장, 이러한 다양한 요소들을 다루는 법을 포함하며, 목회자들이 행하는 사역의 성공과 효과를 결정한다.

　　이 시리즈는 일시적인 유행이 아니라 근본적 원리에 토대를 둔 실제적인 돌봄을 강조한다. 경험이 많은 목회자들은 현대적인 교훈을 붙잡을 필요가 있는 반면에, 경험이 적은 목회자들은 전통적인 교훈을 붙잡을 필요가 있다. 그러한 일을 허용할 만큼 정직하며 서로의 조언을 들을 만큼 겸손하기만 하면 우리는 서로를 통해 많은 교훈을 얻을 수 있다.

1950년부터 시작하여 목회 해오는 동안에 지역교회 목회사역에서 일어나는 수많은 변화를 보아왔다. 버스를 이용한 목회와 가정교회로부터 소그룹 성장과 초대형 교회에 이르기까지 다양한 목회 양상이 전개되었다. 그러한 변화 중의 어떤 것들은 유익함이 입증되어 많은 교회에서 하나님을 섬기는 사역 속에 수용되고 있다. 하지만 수십 년 전에 온 나라의 이목을 집중시켰던 어떤 사상들은 헌 책방에 쌓여 있는 잊혀진 책들의 책장 속에만 겨우 남아 있다. 오늘날의 자극적인 제목들은 얼마나 속히 내일의 각주가 되어 버리는지! "범사에 헤아려 좋은 것을 취하고"(살전 5:21).

누가 썼는지 모르는 고대의 기도가 마음에 떠오른다.

오 진리의 하나님!
새로운 진리를 두려워하는 나약함과
반쪽 짜리 진리에 만족하는 게으름과
모든 진리를 알고 있다고 생각하는
교만함으로부터 저희를 구원하소서!

이 시리즈를 통해, 풍부한 경험을 쌓은 목회자들뿐만 아니라 신학교를 막 졸업한 사역자들까지 격려와 교훈을 얻을 수 있기를 바란다.

- 워렌 W. 위어스비 -

시대의 흐름에 따라 변화는 늘 있기 마련입니다. 그런데 인터넷 시대, 디지털 시대라고 하는 이 시대는 변화의 속도뿐 아니라 그 양상도 다양합니다. 또한 쏟아져 나오는 정보를 다 수용하기도 전에 또 새로운 것을 접해야 하는, 그야말로 정보의 홍수 속에 빠져 있습니다.

새로운 목회 패러다임을 요구하는 이 시대에 복음적인 설교자로 가장 존경받는 워렌 W.위어스비가 책임 편집한 〈 21세기를 위한 다이나믹 목회 시리즈 〉는 목회자, 교회 지도자들에게 크나큰 선물이 아닐 수 없습니다. 이 시리즈는 신학교에서 공부중인 목회자 후보생이나 이제 막 목회를 시작한 목회자, 더 나아가 오랜 세월을 사역한 목회자에 이르기까지 골고루 지침을 주기 때문입니다.

좋은 땅에서 깊이 뿌리내린 나무는 풍파에도 흔들리지 않는 법입니다. 위어스비는 이 시리즈를 통해 예배, 설교, 리더십, 영성, 재정에 이르기까지 목회 전반을 바로 세울 수 있는 기본원리를 제공하고 있습니다.그것은 바로 성경적 목회관입니다. 모든 목회자의 모델이 되시는 예수 그리스도의 발자취를 좇는 목회입니다. 그 분은 시몬 베드로에게 교회를 맡기면서 "내 양을 먹이라. 내 양을 치라"고 하셨던 것처럼 오늘날도 모든 목회자를 향해 똑같이 명령하십니다.

책을 옮기면서 이 시리즈가 이러한 명령에 답하는 목회자들의 영
적 충전소 역할을 하고, 한국의 목회 현장을 기름지게 할 수 있을 것
이라는 확신을 얻었습니다. 이 또한 주님의 큰 은혜가 아니겠습니까?

마지막으로 부르심을 입은 모든 목회자들의 다이나믹한 목회를
누구보다 원하시고 도우시는 주님께 영광을 돌리고 싶습니다. 그리
고 한국교회에 밀려올 새로운 부흥의 물결을 기대해봅니다.

-고영민 . 김기원-

Contents 목 차

Contents 목 차

Introduction 서 론

지금까지 설교에 대하여 쓰인 유용한 모든 책들 대다수가 두 가지 질문에 대하여 답을 주고자 노력해 왔다. 그것은 "좋은 설교란 무엇인가?"와 "무엇이 좋은 설교인가?"이다. 이 책도 예외는 아니다.

스스로에게 (또는 주님께) "설교의 좋은 점은 무엇인가?" 라고 질문한 사람은 여럿일 것이다. 설교는 1세기 사도들에게 영향을 주었으며 후시대의 몇몇 "위대한 설교자들"에게도 영향을 주었다. 그러나 설교가 오늘날에도 일을 하는가? 사람들이 내가 하는 설교에 귀를 기울이리라고 기대할 권한이 내게 있는가? 만일 하나님께서 그분의 말씀을 설교하는 일을 축복하시겠다고 약속하셨다면, 우리는 왜 우리 교회들 안에서 변화된 삶과 역동적인 교제를 보다 더 많이 볼 수 없단 말인가?

"무엇이 좋은 설교인가?"는 하나님께 가장 좋은 것을 드리고 싶어 하는 헌신적인 설교자들의 마음을 괴롭게 만드는 질문이다. 설교가 좋은 것은 그것이 가시적인 결과를 산출하기 때문인가, 아니면 교구원들이 우리를 칭찬하기 때문인가? 그것도 아니면 교인 숫자가 증가하기 때문인가? 몇몇 사람들이 화를 내면서 교회를 떠났기 때문에 설교가 좋다는 말인가? 사역을 측량하기란 쉽지가 않다. 특히 공기 속으로 사라져 버리는 말소리의 사역은 더더욱 그렇다. 그 보이지 않는 말들이 필요를 느끼는 사람들의 마음 속으로 들어가게 하는 일은 하나님만이 효과적으로 추진시키실 수가 있다.

빌립보서 3:12에서 표현된 바울 사도의 정신 속에서, 나는 설교학의 기본적인 원리들을 재고하고 싶다. 또 초보 사역자들과 노련한 사역자들 모두가 그 원리들을 오늘날 그들 자신의 설교 상황에 적용하는 것을 나는 돕고 싶다. 설교, 가르침, 그리고 저술에 거의 반세기 동안 나는 광시(狂詩) 한 조각의 조언을 좇아 왔다. 그것은 한 신학교 교수가 어느 날 아침에 지루한 강의 가운데서 떨군 것이었는데, 그로 인하여 전적으로 낭비된 시간이 될 뻔하였던 것이 구제되었다.

방법들은 많이 있으며 원리들은 수가 적다.
방법들은 항상 변하며 원리들은 결코 변하지 않는다.

이 책에서 강조하는 바는 일시적인 유행이 아니라 변하지 않는 원리들이 될 것이다.

헨리 토리어(Henry Thoreau)는 〈발덴〉(*Walden*)의 첫 페이지에 "대부분의 책들 가운데서 나, 즉 제 1인칭은 생략되어 있다. 이 책에서는 그것이 그대로 유지될 것이다..."라고 썼다. 교실 안의 학생들과 신학교의 교수들은 종종 설교에 대한 나의 개인적인 접근법에 대해 묻는다. 나의 방식이 유일한 것이거나 심지어는 가장 좋은 것이기 때문이 아니다. 그들은 무엇이 나를 위해서 효과가 있었는지를 알고자

하는 데 관심을 가졌기 때문에 질문을 하는 것이다. 당신은 당신에게
가장 잘 역사하는 접근법을 반드시 찾게 될 것이다. 그러나 나는 당신
이 이 책 가운데서 한두 가지 암시들을 발견하게 되기를 바란다. 그것
이 당신의 설교로 하여금 보다 더 즐길 만한 것으로, 그리고 보다 더
효과적인 것으로 만드는 일에 도움을 주게 되기를 바란다.

제1장
우리는 설교한다.

We Preach

설교자들은 왕의 메시지를 선포하는 전령이나
그것을 설명하는 선생 이상이 되어야만 한다.
또한 증인이 되어서 그 메시지가 그들에게
개인적으로 의미하는 바를 담대하게 증거해야만 한다.

1장
우리는 설교한다.

We Preach

"만일 내가 복음을 전하지 아니하면 내게 화가 있을 것임이로라!"

(고전 9:16)

당신의 사역 중 어느 시점에선가, 당신은 스스로에게 우리 중 많은 이들이 우리 자신에게 물어 왔던 바로 그 질문을 하였을 것이다. 왜 모든 강조점을 설교에 두는가? 설교가 무엇이길래 교회 사역의 그토록 중요한 요소로 작용하는가?

우리는 진실로 그 질문에 대답할 필요가 있다. 왜냐하면 만일 우리가 설교의 중요성을 신실하게 믿지 않는다면 우리가 최선을 다할 수 없게 될 것이며, 따라서 종교적인 가면을 쓰고 기능을 하게 될 것이기 때문이다. 만일 설교가 요구하는 한 가지가 있다면 그것은 진실성이다.

전문가들이 말한다

존경받는 설교학자들 중의 몇몇 사람들과 함께 시작하도록 하자.

존 브로더스(John A.Broadus)는 가장 수위에 있다. 그의 〈설교의 준비와 전달〉(*Preparation and Delivery of Sermons*)은 1870년에 출판되었는데 이 분야의 고전적 교과서이다. 이 책은 이런 선언으로 시작되고 있다. "그리스도를 통한 구원의 좋은 소식을 전파하도록 지명된 위대한 방법은 말을 하는 것이다 – 개인에게든 회중에게든 구두로 전하는 것이다."[1] 요컨대, 설교는 중요하다.

7년 후에 필립스 브룩스(Phillips Brooks)가 예일신학교에서 설교에 대한 유명한 강의를 하였다. 그는 첫 강의때 5분도 채 안 되어서 다음과 같이 말했다.

> 그러므로 나는 여러분 앞에 놓인 전망에 대하여 가장 진지하게 축하하지 않고는 설교 사역을 위하여 준비하고 있는 여러분에게 말하기를 시작할 수가 없습니다... 우리 서로 기뻐합시다. 사람이 할 수 있는 좋은 것들과 행복한 것들이 아주 많은 세상 가운데서 하나님께서는 우리에게 가장 좋은 것과 가장 행복한 것을 주셨습니다. 우리를 그분의 진리의 설파자로 만들어 주셨으니 말입니다. [2]

필명이 이안 맥클라렌인 존 왓슨(John Watson)은 1896년에 예일대학에서 강의를 하였다. 그는 자신의 첫 번째 강의에서 청강생들에게 "한 주간 가운데서 종교적이고 가장 중요하고 영향력 있는 사건은 설교이다"라는 것을 회상시킴으로 시작하였다.[3] 설교는 단순히 중요한 것이 아니다. 그것은 굉장히 중요하다.

그러나 아마도 이 고대의 본문에는 선입견이 있었을 것이다. 그 당시에 사람들은 텔레비전 수상기나 컴퓨터를 가지고 있지 않았으며 인터넷 속으로 들어갈 수도 없었다. 그러므로 마틴 로이드 존스(Martyn Lloyd - Jones)박사가 쓴 〈설교와 설교자들〉(*Preaching and Preachers*)과 같은 설교에 관한 몇몇 최근의 책들로 향해 보자. 존스 박사는 즉시 제 1장을 "설교의 탁월성"이라고 명명함으로 자신의 주장을 확고히 하고 있다. 첫 단락에서부터 그는 "설교 사역은 사람이 부름을 받을 수 있는 것들 중에서 가장 고상하고 가장 위대하고 가장 영광스러운 사명이다"라고 말한다. [4]

이것은 직업에 대한 대단한 주장으로서, 텔레비전 코메디를 흉내 내는 일반 대중은 무관심하고 무시하는 정도의 직업이었던 것이다. 모든 설교자들이 주일에 설교한 뒤에 "고상하고 위대하고 영광스러운" 느낌을 가지는 것은 아니라고 고백한다. 우리는 집으로 돌아와 우리가 설교 준비에 적은 시간을 보내고 회의 참석이나 소집단을 형성시키는 데 더 많은 시간을 사용한 것은 아닌지 하고 의심한 적이 적지 않을 것이다. 그러나 로이드 존스 박사의 말은 옳다. 하나님의 말씀을 전하는 것은 고상하고 영광스러운 사명이다.

우리는 다음으로 존 스토트(John R . W. Stott)박사의 〈두 세기 사이에서: 20세기에 있어서의 설교의 기술〉(*Between Two Worlds: The Art of Preaching in the Twentieth Century*)로 향하고자 한다. 제 1장은 "설교의 영광"이라는 제목이 있음을 발견한다. 스토트 박사는 이렇게 썼다. "설교가 기독교의 중심이고 독특한 것이라는 사실은 교회의 길고 화려한 이야기 전체를 통해서 인정되어 온 것이다. 처음부터 그랬다."[5] 설교는 지극히 중요하며 중심적이다. 현대인들도 고대인에 동의한다!

마지막으로, 브라이언 채플(Brian Chapell)박사는 자신의 책 〈그리스도 중심의 설교〉 (Chist - Centered Preaching) 의 첫 장을 "설교의 숭고함" 이라는 제목으로 연다. 그리고 그는 로버트 레이번(Robert G . Rayburn)박사가 신학교 학생들에게 말한 내용을 인정하면서 강조해서 인용한다. "그리스도는 당신의 연구의 유일한 왕이시지만 설교학은 여왕이다."[6] 여왕 폐하 만세!

보통 이유들

회중석에 앉아 있는 사람들은 아마도 로이드 존스, 스토트, 또는 채플의 저서를 읽어보지 못하였을 것이다. 많은 교인들처럼 아마도 그들은 옛날 집사들의 이야기를 여전히 믿고 있을 것이다. 목회자들이 식탁에서 심부름을 해야 하고 지속적으로 기도와 말씀 사역에 헌신해서는 안 된다고 하는 얘기 말이다(행 6:1-4). 교회라는 조직이 계속해서 굴러가고 청구서들이 지불되고 사람들이 계속적으로 예배에 참석해 주는 한 목회자가 주일에 어떻게 설교하느냐는 그들에게 있어서 진짜로 중요한 것이 아닐는지 모른다.

그러나 설교는 중요하다! 당신이 성경을 읽거나 설교에 대한 신간 서적들을 읽거나, 아니면 오래된 설교학 고전들을 읽거나 간에, 당신은 이런 신념이 반복적으로 강조되고 있음을 발견하게 될 것이다. 하나님의 말씀을 전하는 것은 사역자가 하는 일 중에서 가장 중요한 일이다. 설교가 왜 중요한가에 대한 보통 이유들을 고찰해 보자. 그리고 그것들에 대하여 약간의 질문을 던져볼 수도 있을 것이다.

설교가 중요한 것은 하나님께서 설교를 규정하셨기 때문이다! 그러나 왜 하필이면 설교이고 말씀을 나누는 다른 어떤 접근법이 아닌가? 결국 우리는 대중 매체에 미혹된 세상에 살고 있는 사람들에게 설교하고 있는 것인데, 그들 중의 몇몇은 두 살 박이만큼만 정신을 집중시킬 수 있을 뿐이다.

그들이 설교자가 없이 어떻게 듣게 되겠는가? 글쎄, 그들은 그리스도인의 대화를 엿들을 수 있을 것이다. 그런 식으로 존 번연(John Bunyan)은 복음을 들었다고 한다! 또는 그들이 기독교 비디오나 드라마를 볼 수도 있을 것이다.

바울은 우리에게 말씀을 전파하라고 명령하였다. 그러므로 우리는 케케묵은 질문으로 되돌아오게 되었다. 왜 하필이면 설교이고 다른 어떤 방식이 아닌가?

설교는 교회를 세우는 것이다. 그러나 설교만큼 중요한 것이 있다. 모든 사역자들은 강력한 교회를 세우는 데는 강력한 강단 이상의 것이 필요하다는 것을 알고 있다. 설교는 분명히 핵심 요소이다. 그러나 그것이 유일한 요소는 아니다.

진짜 이유

사도행전에 의하면, 제 1세기 교회는 하나님의 메시지를 여러 지역에 전파할 만큼 신실하였다. 그들은 복음을 전하였으며(5:42; 8:4,12,25,35 등) 하나님은 신실하셔서 자신의 말씀을 축복해 주셨다. 사도들은 사람들을 설득하였으며(18:13), 그들을 가르쳤으며(11:26; 15:35), 성경을 설명하고 해석하였으며(15:12; 17:3; 18:26), 논쟁에서 반박하였으며(18:28), 그리스도를 개인적으로 증거하였으며(3:15; 5:32), 논쟁에서 대적들을 논파하였다(9:22). 그리고 사도들과 다른 교회 지도자들이 이런 일을 하고 있는 동안, 신자들은 예수에 대하여 증거하였다 – "한담 가운데서 복음을 전하였다" – 그리하여 하나님은 매일 새 신자들을 교회에게 더하실 수가 있었다(4:1,20,29,31; 5:20,40; 11:19).

이 모든 증거의 형태들은 공통점을 한 가지 가지고 있다. 그런 일들은 믿는 사람들에 의하여 되어졌다는 것이다. 성령은 그들의 성령 충만한 삶과 은혜스런 연설을 사용하셔서 좋은 소식을 전파하셨다. 내가 결론 지은 바로는, 이것은 그 문제의 요체이며 하나님께서 왜 말씀의 전파자에게 기름을 부으시고 계신가를 설명해 준다. 하나님의 아들이 세상에 오셨을 때 육신이 되신 말씀은(요 1:14) 몇 번이고 반복해서 그분의 백성들이 하나님의 메시지를 선포할 때 그들을 통해서 "육신이 되셔야"만 한다. 이것은 우리 중에서 말씀의 사역자로서 설교하도록 선택을 받은 사람들에게는 더 특별한 사실이다. [7]

요컨대, 효과적인 설교는 개인적이다. 그것은 사람들에게 있어서 진실로 중요한 뭔가에 대해 말하는 것이다. 설교자들은 왕의 메시지를 선포하는 전령이나 그것을 설명하는 선생 이상이 되어야만 한다. 또한 증인이 되어서 그 메시지가 그들에게 개인적으로 의미하는 바를 담대하게 증언해야만 하며, 하나님의 진리를 그들이 섬기고 아는 사람들의 삶에 기술적으로 적용하는 사랑 많은 목자들이 되어야만 한다.

만일 우리가 메시지 안에서 성취하기 원하는 것이 말씀을 전달하고 설명하는 것뿐이라면, 은사가 있는 설교자들의 설교 테잎들을 틀어 놓고 우리의 설교 준비 시간을 골프나 치는 데 보내어서 안 될 게 무엇이란 말인가? 그러나 하나님의 백성들은 하나님의 말씀의 권능에 대하여 직접적인 증거를 들을 필요가 있기 때문에, 그들을 돕고 있는 증인은 하나님의 진리를 그들 자신의 삶에 적용시킴으로 그들이 보다 더 나은 제자들이 될 수 있도록 하는 것이다. 그러므로 말씀을 배우고 살아 본 증인들이 강단에 서 있어야 하며, 자신의 교인들을 알고 성경을 가지고 어떻게 도울 수 있는지를 아는 목자들이어야 한다.

그렇다. 설교하는 것은 개인적이어야만 한다. 말씀이 "육신이 되어야"만 한다. 필립스 브룩스로부터 나온 잘 알려진 정의에 대하여 부연 설명한다면 설교란 신의 진리를 인간의 인격을 통하여 인간의 인격에게 전달하여 하나님의 백성에게 덕을 끼치며 하나님께 영광을 돌리게 하는 것이다. [8]

우리가 설교할 때 어떤 일이 일어나는가?

당신이 성경에서 발견되는 설교의 이미지들 중의 몇 가지를 고려한다면, 하나님께서 설교자들을 부르시어 하게 하시는 일에 대하여 보다 더 나은 이해를 갖게 될 것이다. "나의 말이 시행되는지 내가 지켜보고 있노라"(렘 1:12, NASB). 그러나 우리가 선포하고 있는 동안에 그분은 무엇을 성취하고 계시는가?

우선, 그분은 빛을 비추고 계시다. "주의 말씀을 열므로 우둔한 자에게 비취어 깨닫게 하나이다"(시 119:130). 하나님께서 "빛이 있게 하시는" 것은 옛 창조의 시작(창 1:1-3)이었을 뿐만 아니라, 죄인들이 말씀을 듣고 그리스도를 신뢰하는 때 있게 되는 새 창조의 시작이기도 하다(고후 4:6). 죄의 어두움은 사라지고 예수 그리스도의 얼굴이 하나님의 얼굴을 비추이는 것으로 보인다. 새신자가 "내가 소경으로 있다가 지금은 보나이다"(요 9:25)라고 소리치는 소리를 듣는 것은 얼마나 감동적인가!

하나님은 또한 자신의 진리의 씨를 심고 계시다. 씨는 하나님의 말씀이고, 땅은 인간의 마음을 나타낸다(눅 8:11-15). 제자들이 바닷가에서 많은 군중이 예수님께서 배를 타고 가르치시는 소리에 귀를 기울이는 것을 보았을 때(눅 8:4), 그들은 아마도 그들의 사역이 위대한 성공이었다고 결론지었을 것이다. 그러나 그분의 비유 안에서 예수님은 뿌려진 씨의 3/4은 영속적인 열매를 전혀 맺지 못하리라는 것을 지적하셨다. 그럼에도 불구하고, 하나님은 여전히 자신의 말씀을 감찰하시며 자신의 목적들을 성취하고 계시므로, "우리는 때가 이르매 거두게" 될 것이다(갈 6:9).

말씀을 전하는 것은 하나님의 약을 영적인 병자들에게 나누어 주는 것을 의미한다. "저가 그 말씀을 보내어 저희를 고치사 위경에서 건지시는도다"(시 107:20). 예배자가 예배 후에 "목사님, 제가 금주에 찾아뵙고 드릴 말씀이 있었는데 이제는 그럴 필요가 없네요. 오늘 아침의 설교가 저의 문제를 풀어 주었으며 필요를 채워 주었기 때문입니다"라고 말할 때, 설교자는 항상 감사함을 느끼며 하나님께 찬양을 드린다. 말씀이 주어질 때 주님은 치유를 가져다 주셨다. 성령의 사역과 동떨어져 있으면, 영적 의사인 우리의 일은 불가능하게 될 것이다. 성령만이 모든 마음의 필요를 충분히 알고 계시며 그 약을 쓰는 방법을 알고 계시기 때문이다.

신실한 설교를 통하여 주님은 더럽혀진 인생들에게 깨끗하게 함을 가져다 주신다. "너희는 내가 일러 준 말로 이미 깨끗하였으니"(요 15:3)라고 예수님은 자신의 제자들에게 확언하셨다. 우리는 더러운 세상에서 살고 있기에, 제 아무리 조심할지라도 자기 자신이 그리스도인의 삶에 어울리지 않는 생각들과 느낌들을 품고 있다는 것을 발견하게 된다. 성경이 읽혀지는 것을 듣는 것이 포함된 예배의 경험은 우리 주님께서 자신의 교회를 "물로 씻어 말씀으로 깨끗하게 하사"(엡 5:26) 씻겨 주시는 방식이다.

설교가 원수에 대항하여 칼을 휘두르는 것을 의미하는 때가 있다. 하나님의 말씀은 예리한 "성령의 검"(엡 6:17; 히 4:12)이어서 꿰뚫고 상처를 냄으로 치료를 가져다 준다. 모든 설교자는 베드로가 오순절 날에 가졌던 경험을 하기 원한다. 그 때 사람들은 "마음에 찔림을 받아서" "형제들아 우리가 어찌할꼬"(행 2:37)라고 물었다. 다윗이 골리앗의 칼에 대하여 한 말을 우리는 하나님의 말씀의 칼에 대하여 할 수 있다. "그 같은 것이 또 없나니"(삼상 21:9).

아마도 가장 쉽게 떠올리는 설교에 대한 이미지는 영적인 양식을 하나님의 자녀들에게 공급하는 것이다. 왜냐하면 하나님의 가족은 하나님의 진리를 먹고 살기 때문이다(마 4:4). 우리는 요리사가 음식을 마련하듯이 설교를 준비하며, 우리는 그것을 갖다 놓되 듣는 사람들이 디저트뿐만 아니라 채소도 즐기게 되도록 그런 방식으로 배설하고자 한다. 우리는 모든 사람이 예레미야처럼 말하게 되기를 원한다. "나는 주의 이름으로 일컬음을 받는 자라 내가 주의 말씀을 얻어 먹었사오니 주의 말씀은 내게 기쁨과 내 마음의 즐거움이오나"(렘 15:16). 우리는 사람들이 신생아의 엄청난 식욕을 갖게 되는(벧전 2:2) 한편 부드러운 음식으로부터 벗어나 단단한 음식을 먹게 되기를 바란다(고전 3:1-4 ; 히 5:9-14).

하나님의 말씀은 금이나 은과 같아서(시 119:14,72,127,162), 우리가 이 말씀을 설교로 선포할 때 영적인 부요를 하나님의 백성들의 삶 속에다 투여하고 있는 것이다. "또 네가 많은 증인 앞에서 내게 들은 바를 충성된 사람들에게 부탁하라 저희가 또 다른 사람들을 가르칠 수 있으리라"(딤후 2:2). 하나님은 진리를 바울에게 위임하셨으며(딤전 1:11), 바울은 그것을 디모데에게 맡겼다(딤전 6:20). 디모데는 진리를 수호하고 그것을 다른 사람들에게 전달해 줄 의무가 있었다. 그 사람들은 또한 그것을 새로운 세대의 신자들에게 가르칠 것이다. 만일 우리가 말씀을 다른 사람들의 생애에 투자하지 않는다면 영적인 배당금을 거둘 수가 없을 것이다.

이것들은 성경에서 발견되는 설교에 대한 이미지들을 모아 놓은 것에 지나지 않으나, 분명히 우리에게 다음의 사실을 확신시키기에 충분할 것이다. 즉, 설교하는 것은 좋은 일이며 사람들이 말씀을 듣고 그것을 자신의 삶 속에서 이행할 때 설교는 효과가 있는 것이다.

"무시무시한 모험"

"증인은 큰 진리들을 가볍게 선언할 수 없다"라고 프랑스의 철학자 쟈크 엘룰(Jacques Ellul)은 썼다. "바로 이런 이유로 인하여 설교는 가장 무시무시한 모험인 것이다. 나는 하나님을 거짓말쟁이로 만드는 실수를 할 권리가 전혀 없다." [9]

말씀을 전하는 것은 참으로 엄숙한 도전으로, 과신하는 사람이나 준비가 덜 된 사람 모두를 두려워 떨게 만들 것이다. 그러나 우리의 확신이 그리스도 안에 있고 우리가 스스로를 준비하고 메시지를 준비하는 일에 최선을 다했다 할지라도, 우리는 무익한 종임을 시인해야 한다. "누가 그런 일을 감당하리요?"라고 바울은 물었다(고후 2:16). 그런 다음에 그는 확실한 답을 주었다. "이 사람에게는 사망으로 좇아 사망에 이르는 냄새요 저 사람에게는 생명으로 좇아 생명에 이르는 냄새라 저가 또 우리로 새 언약의 일꾼 되기에 만족케 하셨으니라"(고후 2:16), (고후 3:5-6). 그리고 사도는 다음과 같이 첨언하였다. "너희를 부르시는 이는 미쁘시니 그가 또한 이루시리라"(살전 5:24).

이 문제에 대한 결론

결론은 이것뿐이다. 전자 공학적 경이들 즉 텔레비전으로부터 가상 공간에 이르는 모든 것에 의해 미혹된 세계 안에서 일지라도, 하나님의 말씀을 전하는 것은 여전히 중요하며 여전히 하나님으로부터 복을 받고 있다. 주일 설교 옆에 있는 인터넷의 매혹적인 세계가 위협적인 거인처럼 보일 수가 있다. 그러나 하나님의 도우심으로 설교는 그 거인을 죽인 다윗이 된다.

바울은 고린도후서 10:3-5에서 그것을 이런 식으로 말한다.

> 우리가 육체에 있어 행하나 육체대로 싸우지 아니하노니 우리의 싸우는 병기는 육체에 속한 것이 아니요 오직 하나님 앞에서 견고한 진을 파하는 강력(强力)이라 모든 이론을 파하며 하나님 아는 것을 대적하여 높아진 것을 다 파하고 모든 생각을 사로잡아 그리스도에게 복종케 하니.

스위스에서 휴가를 지내는 동안에 스코틀랜드의 빼어난 설교자 알렉산더 와이트는 자신의 미래에 대한 지시를 찾아 구하던 한 사역자로부터 편지 한 장을 받았다. 그 사람은 낙담해 있었으며 그가 "어떻게 설교하며 또 무엇을 설교하여야 하는지"를 알지 못하고 있다는 것을 인정하였다. 와이트는 답장을 하였다. "설교를 포기할 생각일랑 마십시오! 보좌 주위에 있는 천사들이 당신의 그 위대한 일을 부러워하고 있습니다." [10]

그렇다. 천사들은 기꺼이 우리 지위를 이어받으려 할 것이다. 그러나 그들은 설교를 확실한 것으로 그리고 강력한 것으로 만드는 하나의 요소를 가지고 있지 못하다. 그것은 하나님의 은혜에 대한 직접적인 체험이다. 천사들은 하나님의 진리에 대한 감동적인 전령들이 될 수 있을 것이다. 그러나 그들은 하나님의 많은 은혜를 경험한 증인은 결코 될 수 없을 것이다.

그러한 임무에 합당한 사람이 누구란 말인가? 아무도 없다. "그러나 우리 주 예수 그리스도로 말미암아 우리에게 이김을 주시는 하나님께 감사하노니"(고전 15:57).

우리는 하나님을 믿으며 설교를 믿는다. 그러므로 우리는 설교한다!

제2장
우리는 성경을 설교한다.

We Preach the Scriptures

설교자는 "제조자" 라기보다는 차라리 "분배자" 이다.
이런 이유 때문에 설교자는 하나님의 말씀에 대해 헌신해야 한다.
하나님의 말씀만이 설교자가 전하는 메시지에 권위를 준다.

제2장
우리는 성경을 설교한다.

We Preach the Scriptures

"너는 말씀을 전파하라."

(딤전 4:2)

존 번연이 쓴 책 경시(輕視) 받는 기독교의 고전 〈천로역정(*The Pilgrim's Progress*)〉에서 우리는 해석자의 집안으로 들어가는 기독자에 대하여 읽게 된다. 거기서 그는 위엄 있는 그림을 보게 된다.

> 기독도는 매우 근엄한 인물을 그린 그림을 보았다.
> 그 사람은 하늘을 향해 치켜 뜬 눈을 가지고 있으며, 책들
> 중에서 가장 좋은 것을 손에 들고 있으며, 진리의 율법이
> 그의 입술에 쓰여 있었으며, 세상은 그의 등 뒤에 있었다.
> 그는 마치 사람에게 탄원하는 듯한 모습으로 서 있었으며
> 금면류관이 그의 머리에 있었다.

이 그림에서 번연은 이상적인 복음의 사역자를 묘사하였는데, 그 이미지의 대부분은 말라기 2:1-9로부터 빌어온 것이었다. "엄숙하다"는 것은 "근엄"이나 "침울"을 의미하는 것이 아니다. 당신이 오래된 네델란드 그림들 가운데서 보게 되는 그런 종류의 사람들을 의미하는 것이 아니다. 그것은 오히려 자신의 사명에 대하여 진지하며 하나님의 말씀을 전하는 것에 대하여 심각하게 생각한다는 것을 의미한다. 청교도들에 대한 통속적인 풍자화와는 반대로, 청교도들은 행복한 사람들이었지만 그들은 인생을 심각하게 생각하고 있었다. 사역자는 하늘을 쳐다보고 있었다. 왜냐하면 하늘은 그가 말씀을 이해할 수 있는 통찰력과 그것을 효과적으로 전할 힘을 얻는 곳이기 때문이며, 다른 그 무엇보다도 하늘에 계시는 자신의 주님을 기쁘시게 하고 싶었기 때문이다. 세상은 그에게 아무것도 제공하지 않았으나, 그는 세상에 제공할 수 있는 놀라운 어떤 것을 가지고 있었다. 그러므로 그는 길 잃은 죄인들에게 하나님과 화목하라고 탄원하며 서 있었던 것이다. 면류관은 신실한 사역자들에게 주신 하나님의 약속을 회상케 한다. "그리하면 목자장이 나타나실 때에 시들지 아니하는 영광의 면류관을 얻으리라"(벧전 5:4).

나의 관심을 사로잡은 진술은 "책들 중에서 가장 좋은 책이 그의 손에 있다"는 것이다. 물론 이것은 성경을 가리키는 말이다. 그 책 안에 있는 진리는 신실한 목회자의 마음을 거쳐 그의 입으로 전달되었다. 왜냐하면 "진리의 율법이 그의 입술에 쓰여 있었기" 때문이다. 그는 바울의 낯익은 훈령 즉 "말씀을 전파하라"에 순종하고 있었다. 그리고 번연은 이사야 8:20을 마음에 간직하고 있었을 것이다. "마땅히 율법과 증거의 말씀을 좇을지니 그들의 말하는 바가 이 말씀에 맞지 아니하면 그들이 정녕히 아침 빛을 보지 못하고."

그것이 설교자들의 됨됨이인가?

앞의 장에서 우리는 신실하게 말씀을 전파할 때 하나님께서 일하시는 것을 고려하였다. 그러나 우리는 겉만 핥았을 뿐이다. 왜냐하면 성경에는 설교자와 설교에 대한 많은 이미지들이 있기 때문이다. 그것을 살펴보면 설교자들은 다음과 같은 존재이다.

- 어부 -- "예수께서 가라사대 나를 따라 오너라 내가 너희로 사람을 낚는 어부가 되게 하리라 하시니"(막 1:17).
- 대사 -- "이러므로 우리가 그리스도를 대신하여 사신이 되어 하나님이 우리로 너희를 권면하시는 것 같이 그리스도를 대신하여 간구하노니 너희는 하나님과 화목하라"(고후 5:20).
- 증인 -- "우리는 보고 들은 것을 말하지 아니할 수 없다 하니"(행 4:20).
- 씨뿌리는 자와 거두는 자-- "추수할 것은 많되 일꾼은 적으니"(마 9:37; 요 4:35-38; 고전 3:5-9을 보라).
- 목자 -- "내 어린 양을 먹이라... 내 양을 치라"(요 21:15-16; 요 10:1-18; 눅 15:3-7을 보라).
- 구조자 -- "어떤 자를 불에서 끌어내어 구원하라"(유 1: 23; 그리고 슥 3:1-4; 잠 24:11-12을 보라).
- 영적인 부모 -- "그리스도 예수 안에서 복음으로써 내가 너희를 낳았음이라"(고전 4:15; 살전 2:7,11을 보라).

· 하나님의 제사장 -- "나로 이방인을 위하여 그리스도 예수의 일꾼이
되어 하나님의 복음의 제사장 직무를 하게 하사…"
(롬 15:16; 벧전 2:5,9을 보라).

· 군사 -- "우리의 싸우는 병기는 육체에 속한 것이 아니요
오직 하나님 앞에서 견고한 진을 파하는 강력이라"
(고후 10:4; 딤후 2:3-4을 보라).

· 왕의 전령 -- "말씀을 전파[전달]하라"
(딤후 4:2; 롬 10:8; 골 1:23을 보라).

· 청지기 -- "오직 하나님의 옳게 여기심을 입어
복음 전할 부탁을 받았으니"
(살전 2:4; 고전 4:1-7을 보라).

구약 역시 사역에 대한 이미지들을 공유하고 있는데, 특히 예레미야서에서 그렇다. 에스겔과 세례 요한처럼, 예레미야는 부르심을 받아 제사장으로부터 선지자가 되었는데, 처음에 그는 그 문제를 가지고 주님과 논쟁하였다. 결국 제사장으로 섬기는 것이 훨씬 더 쉬웠기 때문이다. 제사장의 필요들은 사람들의 헌물에 의하여 충족되어졌으며 제사장의 일은 율법에 설명되어 있었으며 제사장의 봉사는 아주 일상적인 것이었다. 그에 비하여 선지자의 일은 힘들었으며 위험하였다. 따라서 선지자는 주님이 어떤 일을 하라고 그를 부르실는지 결코 확신할 수가 없었다.

그러나 하나님은 예레미야에게 비록 일이 쉽지는 않겠지만 그분이 기둥처럼 그리고 담벼락처럼 그를 안정되고 강력하게 만들어 주

시겠다고 보증하셨다(렘 1:18-19). 예레미야는 뽑으며 파괴하며 파멸하며 넘어뜨린 연후에라야 세우고 심을 수가 있었다(1:10). 그의 설교로써 그는 "열이 나게 하였으며" 시금석가들이 금속을 시험하는 방식으로 사람들을 시험하고자 하였다(6:27-30). 그는 또한 사람들에게 의사 역할을 하였지만, 그들의 종교 지도자들은 그들에게 거짓된 진단과 불필요한 처방들을 제공하고 있었다(6:14; 8:11, 21-22). 예레미야는 길 잃은 양들에게 목자였으며(13:17) 어려운 조건에 대항하여 달리는 선두 주자였으나(12:5), 그는 도살장으로 끌려가는 어린 양 같은 느낌이 들었다(11:19). 우리 중의 몇몇은 이런 이미지들과 동일시할 수 있을 것이다.

사역에 대한 이런 성경적인 이미지들 – 그리고 다른 많은 이미지들이 있다 – 은 우리에게 일에는 많은 단면들이 있다는 것을 상기시킨다. 그리고 그것들 모두는 어려우며 그것들 중에서 단조로운 것은 하나도 없다는 것을 상기시킨다. 사역은 놀라게 하는 기회들과 도전들로 꽉 들어 차 있는데 그것들은 우리를 성장하도록 격려한다. 그러나 우리가 양들을 목양하든지 가족을 부양하든지, 또는 불타다 남은 그루터기들을 끄집어내든지 간에 한 가지는 분명하다. 그것은 우리가 하나님의 기록된 말씀을 떠나서는 일을 감당할 수가 없다는 것이다.

설교자와 말씀

"성경은 설교하고 계시는 하나님이다"라고 제임스 팩커(James I.

Packer)가 말하였다.[1] 만일 우리가 준비를 잘 갖췄으며 성령께서 일을 하고 계신다면, 우리가 성경을 전한다기보다는 차라리 성경이 우리를 통해서 전하도록 허용하는 것이 될 것이다. 그렇다고 해서 우리는 수동적인 통로만은 아니다. 왜냐하면 설교자의 인격은 메시지의 중요한 일부이기 때문이다(무엇을 전하는가 못지 않게 그 말씀을 누가 전하느냐가 중요하기 때문이다. – 역자의 주). 설교자는 "제조자"라기보다는 차라리 "분배자"이다. 이런 이유 때문에 우리는 하나님의 말씀에 대해 헌신해야만 한다. 매일 그것을 기도하고 묵상해야 하며, 그것을 체계적으로 공부해야 하며, 그것을 지속적으로 읽어야 하며, 항상 우리 자신의 영혼을 말씀으로 살찌워야 하며, 우리 교인들을 먹일 준비를 갖춰야 한다. "하나님의 말씀에 착념하라!' 찰스 스펄전(Charles Spurgeon)은 그의 런던 회중에게 말했다. "그것을 철저하게 아는 것이 유일한 길이다. 마치 옷을 염료에 담그듯 당신의 전체 본성으로 하여금 말씀에 잠기게 하라."[2]

권위

메시지의 권위는 말씀으로부터 나오는 것이지 사람들의 인정(認定)으로부터 나오는 것이 아니다. 신실한 선지자 미가야에게 한 초병이 말하였다. "선지자들의 말이 여출일구하여 왕에게 길하게 하니 청컨대 당신의 말도 저희 중 한 사람처럼 길하게 하소서." 그러나 하나님의 종은 인기 경쟁에서 이기는 것에는 흥미가 없었다. "여호와의 사심을 가리켜 맹세하노니 내 하나님의 말씀하시는 것 곧 그것을 내가 말하리라"고 그는 대답하였다(대하 18:12-13). 400명의 선지자들이 그와는 다른 말을 하였지만 미가야의 메시지가 옳았음이 밝혀졌다. 우리가 더 이상 "여호와께서 이렇게 말씀하시니라!"에 의하여 지배를 받지 않을 때, 우리는 확신 대신에 의견들을 전파하여 주님을 기쁘게 하기보다는 우리 자신과 듣는 사람들을 기쁘게 하려 하기 시작하는 것이다.

바울은 이렇게 썼다. "우리가 이와 같이 말함은 사람을 기쁘게 하려 함이 아니요 오직 우리 마음을 감찰하시는 하나님을 기쁘시게 하려 함이라"(살전 2:4). 하나님의 진리가 없이는, 우리가 회중에게 말하는 것은 겨일 뿐인데, 쌀의 껍질을 가지고는 주린 심령들을 채워주지 못한다. "내 말을 받은 자는 성실함으로 내 말을 말할 것이라 겨와 밀을 어찌 비교하겠느냐?"(렘 23:28).

능력

하나님의 말씀만이 설교자가 전하는 메시지에 권위를 준다. 그러나 말씀은 또한 능력을 주기도 한다. 하나님은 계속해서 예레미야에게 다음과 같이 말씀하셨다. "내 말이 불같지 아니하냐 반석을 쳐서 부스러뜨리는 방망이 같지 아니하냐?"(렘 23:29). 피조물을 생겨나게 한 바로 그 동일한 살아 있는, 권능 있는 말씀이 또한 계속적인 새창조에서도 역사한다. 그리하여 어두움에 빛을 가져다 주고 혼돈으로부터 질서를 가져다 준다(고후 4:3-6). "우리 복음이 말로만 너희에게 이른 것이 아니라 오직 능력과 성령과 큰 확신으로 된 것이라"(살전 1:5). 설교자가 말을 하는 것은 말씀을 전하는 것과는 다르다. 이는 요리법을 열거하는 것과 음식을 제공하는 것이 다른 것과 같다.

겸양

우리가 말씀을 신실하게 전파할 때, 우리는 설교학적 미용 체조를 통해 구원을 받는다. 그런 설교의 미용학은 설교를 공연으로 바꾸고 메시지보다는 사역자를 더 높인다. 바울은 그리스도와 교회의 종이 었을 뿐만 아니라 그는 또한 복음의 종이기도 하였다(골 1:25). 당신이 메시지에 의하여 점령되었다면, 당신은 현명한 개요와 재미있는 일화들에 흥미를 느끼고 있는 것이 아니다. 당신의 유일한 관심사는 "여호와의 말씀을 들을지어다!" 이다. 철저하고도 지속적으로 기도와 말씀 묵상과 연구로 내게 말씀하시는 하나님의 말씀에 귀를 기울여야 한다(역자 주).

순결성

하나님의 말씀을 전하는 것은 우리가 하나님의 말씀으로 생활하게끔 격려한다. 그리하여 우리의 메시지가 하나님의 진리에 대한 우리 자신의 경험에 대한 정직한 증인이 되게 한다. "그러므로 하늘 나라의 제자가 된 모든 서기관은 한 가장(家長)과 같으니, 그는 그의 보고(寶庫)로부터 새 것과 오래 된 것들을 내어오게 되느니라" (마 13:52, NASB).

이치는 논리적이다. 우리는 말씀을 배우는 서기관들이다. 우리는 말씀에 순종하는 제사장들이 되며, 그 다음에 말씀을 다른 사람들과 함께 나눈다. 나는 설교 준비를 계속 진행하지 못한 경우가 여러 번 있었다. 본문이 나에게 양심의 가책을 주었으며 주님과 시간을 함께 하면서 나의 마음을 바로잡아야 했기 때문이다. 단락의 개요 정리를 마친 후 설교를 할 수 있었으나, 하나님이 보시는 눈으로 하면 그것은 메시지가 아니라 가짜였을 것이다. 제자가 못된 서기관들은 위선자인 것이다.

확신

"믿음은 들음에서 나며 들음은 그리스도의 말씀으로 말미암았느니라" (롬 10:17). 우리가 연구하고 기도로 준비하는 말씀이 우리 자신의 삶 속에서 역사하며 믿음을 산출하지 않는다면, 우리가 전하는 메시지는 많은 것을 성취할 수가 없을 것이다. 주님은 비와 눈이 땅속의 씨들로 하여금 생명을 내게 하며 "싹이 나게 하며 열매가 맺게 하여 파종하는 자에게 종자를 주며 먹는 자에게 양식을 줌과 같이 내 입에서 나가는 말도 헛되이 내게로 돌아오지 아니하고 나의 뜻을 이루며 나의 명하여 보낸 일에 형통하리라"고 말씀하신다(사 55:10-11). 사역자들이 말씀에 신실한 것이 필요하지만, 우리는 또한 말씀에 대하여 신앙을 가지고 있어야만 한다.

전도자 드와잇 무디(Dwight L. Moody)는 "나는 과거에는 성경을 덮고 신앙을 위하여 기도를 해야 한다고 생각하곤 하였으나, 나는 신앙을 얻을 수 있는 것은 말씀을 연구하는 가운데서 라는 사실을 깨닫게 되었다."라고 말했다.[3] 만일 말씀 연구가 우리 자신의 믿음을 신장시키지 못한다면 우리의 말씀 전하는 것은 다른 어떤 사람 속에서도 믿음을 촉발시키지 못할 것이다. 우리는 설교를 믿어야 할 뿐 아니라 또한 우리가 전하는 말씀을 믿어야 한다. "하나님을 믿으라"(막 11:22).

교인들과 말씀

성경과 같은 기적의 책만이 보통의 다양한 필요들을 충족시킬 수가 있다. 그리고 하나님은 양들에게 대용식을 먹이지 않는 목자를 가진 교회를 도우신다. 제 아무리 빼어난 학문적 연설이나 제 아무리 유명한 정치가, 또는 사업가라도 선포되는 말씀을 듣기 위하여 매주 수천의 교회들로 모여드는 군중과 같은 사람들을 모을 수는 없을 것이다. 사람들이 설교자를 통해 해석되는 하나님의 말씀을 듣고자 올 때, 그들은 무엇을 찾고 있는가?

우리는 속이는 세상에서 살고 있으므로 "진리의 말씀"(시 119:43; 엡 1:13-14; 딤후 2:15; 약 1:18)을 들을 필요가 있다. 그들은 그들의 마음에서 거짓을 제하며 그들의 눈을 진실한 세계, 즉 성경에서 묘사된 "세계"에 집중하게 할 필요가 있다. 마크 트웨인 (Mark Twain)은 "진리가 신을 신고 있는 동안 거짓은 세상을 달려 다닌다"고 말했는데, 그것은 텔레비전과 인공위성이 개발되기 이전의 일이었다. 보통 미국인은 일주일에 30시간씩 텔레비전을 시청하며 그가 진실한 세계를 보고 있다고 생각하는데, 그것은 아니다. 텔레비전은 그 자신의 세계를 제조하며 그 자신의 규칙들을 고안해 내며 그 자신의 가치들을 옹호하는 오락 수단이다.

교인들은 어렵고 요구가 많은 세상 속에서 살고 있기 때문에 "그분의 은혜의 말씀"(행 20:32)을 들을 필요가 있다. 우리가 두 가지 직업을 가진 목회자들이 아니라면, 우리는 아마도 일터에서보다는 연단 위에서 더 많은 시간을 보낼 것이다. 그러나 사람들은 매일 인생의 혹독한 현실에 부딪치고 있다. "친절하라. 왜냐하면 당신이 만나는 모든 사람이 전투를 벌이고 있기 때문이다."라는 옛 속담은 여전히 사실이다. 하나님의 은혜에 의하여 구원을 받은 것만으로는 충분하지 않다. 우리는 또한 바울처럼 하나님의 은혜로 살아야 할 필요가 있다. 그는 "그러나 나의 나된 것은 하나님의 은혜로 된 것이니라" (고전 15:10)고 고백했다. 그는 그의 봉사(고전 15:10)와 고난(고후 12:9)으로부터 그의 노래함과 말하는 것(골 3:16; 4:6)에 이르기까지 모든 것을 하나님의 은혜에 의존하였다. 우리가 설교할 때 우리는 상처받은 사람들에게 그들이 예배하는 하나님은 "모든 은혜의 하나님"(벧전 5:10)이시며 "우리가 다 그의 충만한데서 받으니 은혜 위에 은혜라"(요 1:16)는 것을 상기시켜 주어야 한다.

우리가 사는 세계는 더럽혀진 세계이다. 따라서 하나님의 백성들은 정결함을 유지하는 것이 날로 더 어렵다는 것을 발견하고 실감하고 있다. 우리는 모두 "의의 말씀"(히 5:13 NASB)을 필요로 하고 있는 것이다. 그 말씀은 하나님의 의를 우리에게 계시할 뿐만 아니라 우리가 "의 안에서 훈련"을(딤후 3:16) 경험함으로써 보다 더 예수님을 닮아가게(롬 8:29) 만들 수가 있다. 말씀은 거울처럼 우리가 있는 곳이 더럽다는 것을 우리에게 보여 준다(약 1:22-25). 말씀은 물처럼 우리의 내적 인격을 씻어 준다(엡 5:25-27). 그리하여 우리는 하나님의 진리에 의하여 날마다 점진적으로 성화된다(요 17:7).

마지막으로, 우리가 섬기는 사람들은 경쟁적인 세상 속에서 산다. 따라서 그들은 "화해의 말씀"(고후 5:19 NASB)을 들을 필요가 있다. 조지 버나드 쇼(George Bernard Shaw)는 만일 다른 혹성들에서 사람이 산다면 그들은 지구를 그들의 정신 병원으로 사용하고 있을 것이라고 시사한 적이 있다. 그런데 그의 말이 옳게 보이는 때가 있다. 집에서, 학교에서, 시장에서, 그리고 심지어는 교회에서까지도 인간 관계들은 긴장되어 있고 종종 파괴되기도 한다. 그리고 그 결과는 마음의 고통이 되어 한층 더 많은 삶 속에 초래한다. 예수님만이 사람들을 하나님과, 그들 자신과, 그리고 그들 주변에 있는 다른 사람들과 화목 시킬 수가 있으시다. 이 세상에서의 하나님의 목적은 "하늘에 있는 것이나 땅에 있는 것이 다 그리스도 안에서 통일되게 하려 하심"(엡 1:10)이며, 바로 그것이 우리가 "화해의 말씀"을 전파하는 이유이다.

하나님의 말씀은 이 모든 일을 해낼 것이며, 만일 하나님의 사람들이 그것을 듣고 그것을 믿고 그것을 순종한다면 보다 더 많이 해낼 것이다. 하나님의 말씀은 "믿음의 말씀"(롬 10:8)이다. 그것은 믿어지고 순종되어질 때만이 그것의 권능을 드러낸다. "하나님으로부터 나오는 그 어떤 말씀도 권능이 없는 것은 없다"(눅 1:37 ASV). 하나님의 계명들은 여전히 하나님께서 가능하게 하시는 일들이다. 왜냐하면 그분의 말씀은 곧 "그분의 능력의 말씀"(히 1:3 NASB)이기 때문이다.

"항상 말씀으로"

내 친구인 어떤 목사가 자기 교회의 모토로 "항상 말씀으로"라는 구절을 선택하였다. 이는 성경적고 실천 가능한 사역 진술이다. 어린

이 성가대가 노래를 하고 있든, 선교사가 현장 보고를 하고 있든, 아니면 목사가 설교를 하고 있든, 그 회중 가운데서는 항상 하나님의 말씀인 것이다.

그 어떤 설교도 교회 내에서 행하여질 필요가 있는 모든 것을 성취할 수는 없다. 따라서 우리가 매주 설교하는 것의 누적적인 결과는 정확하게 잴 수가 없다. 하나님만이 우리의 설교를 듣고 우리가 위해서 기도하는 사람들의 마음에서 무슨 일이 일어나고 있는지를 아실 수가 있다. 그러나 대개는 충분한 축복이 있다. 따라서 우리는 격려를 받아서 계속해서 하나님의 진리를 나누게 된다. 그러나 비록 우리가 학수고대하는 그런 종류의 열매가 없다 할지라도, 우리는 그 말씀이 결국엔 하나님의 목적들을 성취할 것이다. 따라서 "우리가 선을 행하되 낙심하지 말지니 피곤하지 아니하면 때가 이르매 거두리라"(갈 6:9)고 확신한다.

제3장
우리는 그리스도를 설교한다.

설교자가 그리스도를 전할 때 성령의 도움을 확신할 수 있다.
성령은 하나님의 아들을 영화롭게 하기 위하여 보내심을 받았기 때문이다.
그러므로 가장 훌륭한 설교는 그리스도로 충만한 설교이다.

제3장
우리는 그리스도를 설교한다.

“신약에서 우리는 종교적인 삶을 만나게 되는데
거기서는 모든 것이 그리스도에 의하여 결정된다.”
제임스 데니의 〈예수와 복음〉
(종교적인 삶은 신앙의 생활화와 체질화를 의미함-역자주)

성경은 “그리스도의 말씀”(골 3:16)이다. 이 말은 성경을 신실하게 설교하는 것은 “그리스도를 전파하는 것”을 의미한다는 것을 시사한다. 또한 이것은 엠마오로 가는 길에서 사역하시는 우리 구세주의 모범을 따르는 것을 의미한다. “이에 모세와 및 모든 선지자의 글로 시작하여 모든 성경에 쓴 바 자기에 관한 것을 자세히 설명하시니라”(눅 24:27). 모든 성경은 영감을 받은 것이며 모든 성경은 예수 그리스도를 증거한다. 그것은 성경내용의 주인공이 구세주이신 예수 그리스도이시기 때문이다.

그리스도를 전하는 것이 무엇인가?

그리스도를 전하는 것은 설교 중에서 단순히 그분의 이름을 때때로 언급하는 것이나 그분이 말씀하신 뭔가를 인용하는 것보다 훨씬 더 넓고 깊은 의미가 있다. 나는 그리스도를 전하는 것은 하나님의 말씀을 선포하는 것을 의미한다고 시사하는 바이다. 그리하여 예수 그리스도께서 그분 인격의 모든 충만성과 그분 사역의 모든 위대함 가운데서 분명하게 나타나시도록 하는 것이다. 그분은 영원한 하나님의 아들로, 창조주로, 세상의 구주로, 역사의 주님으로, 그리고 교회의 머리로 영광을 받으신다. 그분은 모든 기독교 교리의 심장으로 그리고 모든 기독교적 의무에 대한 동인(動因)으로 높임을 받으신다. 그리스도께서 전파되실 때 성령은 그 메시지를 사용하셔서 하나님의 백성으로 하여금 보다 더 큰 사랑과 믿음과 순종으로 그리스도께 응답하도록 하며 구원하는 신앙 안에서 불신자들을 이끌어 그리스도께 이르도록 하실 수가 있다.

분명히 우리는 이 모든 대단한 신학을 모든 설교 안에 또는 심지어는 어느 한 설교에서도 담을 수가 없다. 그리스도를 전하는 것에 대한 이런 정의는 하나의 점검표가 아니기 때문이다. 그리스도를 전하는 것은 우리가 계속해서 겉돌지 않도록 해 주는 나침반에 해당한다고 하겠다. 우리가 해석하는 성경적 본문이 무엇이든지 간에, 그리스도를 전하고자 하는 우리의 열망은 우리를 재촉하여 그 본문을 사용하여 듣는 자들의 마음과 심장을 예수 그리스도와 갈보리의 십자가로 향하게 할 것이다. 찰스 스펄전은 경고하였다. "만일 어떤 사람이 그리스도의 이름을 언급하지 않고 설교를 할 수 있다면 분명히 그것은 그의 마지막 설교가 되어야 할 것이며 그것은 어느 그리스도인이 들

으러 가는 마지막 설교가 되어야 할 것이다." [1]

　우리가 메시야적 암시를 분명하게 가지고 있지 못한 구약의 한 본문을 설교하고 있는 동안에는, 하나님에 대하여 일반적인 애기를 하며 예수 그리스도를 경시하기 쉽다. 우리는 구약의 서술이나 시가서들을 가지고 설교할 때 특별히 취약점을 노출시킨다. 나의 학생들 중의 한 명이 신약신학을 구약의 단락 속으로 끌어들이는 것은 "규칙에 어긋난다"고 나에게 말한 적이 있다. 그래서 나는 그에게 "전도자 빌립이 구스의 재무 장관에게 증거하였을 때 그 규칙을 알고 있었을까요?"하고 물었다. "빌립이 입을 열어 이 글에서 시작하여 예수를 가르쳐 복음을 전하니"(행 8:35). 분명히 우리는 구약의 단락들이 그것을 최초로 듣는 자들이나 읽는 자들에게 의미하였을 내용을 알고 싶어할 것이다. 그러나 우리는 거기에 머물러서는 안된다.

그리스도를 전하는 것은
교회가 필요로 하는 일이다

　"예수 그리스도는 어제나 오늘이나 영원토록 동일하시니라"(히 13:8). 그분은 역사(어제)의 그리스도다. 왜냐하면 우리가 고백하고 전하는 믿음은 역사적 사실에 기초하고 있기 때문이다. 그러나 그분은 또한 경험(오늘)의 그리스도이시기 때문에 오늘날 그의 사람들을 섬기기도 하신다. 그렇지 않다면, 교회는 과거를 미이라 처리하여 두고 그 시신을 감탄하며 바라보기 위하여 일주일에 한 번씩 모이는 그런 박물관에 지나지 않을 것이다. 하늘의 보좌로부터, 살아 계시는 그리스도께서는 자신의 백성을 섬기고 계시며 그들을 통해서 섬기고 계시며 그들을 통해서 지상에서 그분의 목적들을 성취하신다(히 13:20-21). 마지막으로, 그분은 예언(영원)의 그리스도시다. 그분은 자신의 영원한 목적들을 성취하실 것이며 "나라이 임하옵시며"라고 하는 자기 백성들의 기도에 응답하실 것이다.

어제

우리는 역사의 그리스도를 전파한다. 만일 예수 그리스도가 진정한 역사적 인격이 아니라면, 죄 없는 인간성 안에 오신 하나님의 아들이 아니라면, 그 때 우리가 전하는 메시지는 의미 없는 한 신화일 것이다. 만일 그분이 이 지상에 살지 않으셨다면, 만일 그분이 "본디오 빌라도에 의하여 십자가에 달리지" 않으셨다면, 만일 그분이 죽은 자 가운데서 살아나사 하늘에 오르지 않으셨다면, 그 때 우리는 전파할 메시지가 없을 것이다.

교회의 믿음은 그분을 개인적으로 알았던 사도들의 역사적 증언 위에 세워져 있다. 그들은 그분께서 말씀하시는 것을 들었으며, 그분께서 기적들을 행하시는 것을 보았으며, 그분을 만져 보았으며, 그분과 함께 먹었으며, 그분께서 죽으시는 것을 보았으며, 그분께서 살아나신 후에 그분을 만났으며, 그분께서 하늘로 되돌아가시는 것을 보았다(요 15:27; 20:30-31; 21:24-25; 행 1:1-11; 고전 15:1-8; 벧후 1:16-21; 요일 1:1-4). 예수 그리스도는 인간 역사의 일부가 되셨으므로, 의사 누가가 그 사실들을 조사한 후 그분의 생애에 대한 정확하고 정돈된 기술을 쓸 수 있었다. 그 기술에는 그 당시의 종교적, 정치적 지도자들 중 몇몇의 이름들이 포함되어 있다(눅 1:1-5; 2:1-3; 3:1-3). 예수 그리스도는 가이사, 헤롯, 그리고 빌라도처럼 세상 속의 일부가 되어 있다.

그리스도의 성육신은 하나님께서 죄인들을 너무도 사랑하사 이 세상 속으로 들어오셔서 우리의 기쁨과 슬픔과 유혹과 시련과 필요들과 짐들과 고통과 고민을 친히 경험하셨으며 심지어는 십자가에서 우리 죄를 지고 가시기까지 하셨다는 것을 우리에게 확신시켜 준다(벧전 2:24). 어제의 그리스도는 복음적 기록 안에서 볼 때 사랑스러우신 친구로서 보여진다. 그분은 저녁 식탁에서 담화하셨으며 결혼식에 참석하셨다. 우는 자들과 함께 우셨으며, 아이들과 함께 노셨으며, 배고픈 이들에게 먹을 것을 주셨으며, 버림받은 사람들을 받아 주셨다. 그런데 그분은 변하지 않으셨다! 그분은 오늘날에도 동일하시다! 우리는 예수에 대하여 듣거나 전하는 것을 결코 지겹게 생각해서는 안 된다.

오늘

그분은 개인적 경험의 그리스도이시다. 우리는 마치 그분이 과거 역사적 무대 위에 등장했다가 떠나간 여러 배우들 중의 한 사람밖에 되지 못하는 양 그리스도를 전해서는 안 된다. 성경에서 언급된 다른 인물들과는 달리, 예수 그리스도는 오늘도 살아 계셔서 활기차게 일하시며 자신의 교회를 건설하고 계시다. 역사의 주인이신 그분은 대본을 쓰셨다. 그리고 중보자와 대제사장이신 그분은 하늘의 아버지 보좌 우편에 앉으셔서 모든 촬영 과정을 감독하고 계시다. 빌립보서

3:10에 따르면 우리는 그분을 역사적인 인물로 알 수 있을 뿐만 아니라 우리는 우리의 일상 생활 속에서 "그리스도의 부활의 권능과 그 고난에 참예함을" 경험할 수가 있다.

"그리스도가 죽었다"는 말은 단순히 역사적 사실일 뿐이다. "그리스도께서 우리 죄를 위하여 죽으셨다"는 말은 그 사실에 대한 신학적인 해석이다(고전 15:3). 그런데 "그가 나를 사랑하사 나를 위하여 자기 몸을 버리신 것"은 그 진리를 개인적으로, 그리고 구원을 얻을 수 있게 적용한 것이다. 그것이 가능한 것은 예수 그리스도는 살아 계셔서 "자기를 힘입어 하나님께 나아가는 자들을 온전히 구원하실 수 있으시기"(히 7:25) 때문이다. 대부분의 신자들은 그분이 여기 이 땅에 계실 때 예수 그리스도께서 하신 일을 당신에게 말해 줄 수가 있다. 그러나 그들은 그분께서 지금 하늘에서 하고 계시는 일을 설명하려면 어려움을 겪을 것이다. 구주, 주님, 그리고 선생은 익숙한 칭호이지만 변호자, 대제사장, 중보자는 그렇게 의미 있어 보이지 않을 것이다.[2] 어제의 그리스도는 적어도 혈과 육을 가진 인격이며, 그분은 여러 곳을 다니시며 여러 일들을 행하셨다. 그러나 하늘 보좌에 앉아 계시는 오늘의 그리스도에 대해서는 무엇이 그리 중요한가? 바로 이것이 히브리 사람들에게 보낸 서신의 주제이며 그것은 오늘날 하나님의 사람들이 절실하게 필요로 하는 메시지이다.

예수 그리스도는 우리가 마태, 마가, 누가, 요한이 쓴 복음서들 안에서 보고 듣는 바와 똑같이 지금도 여전히 백성들을 돌보고 계시다. 그러나 살아 나셔서 영광을 받으신 주님이신 그분은 하늘로 오르사 성령을 보내셨으며 더 이상 한 시대나 한 장소에 구애받지 않으신다.

그분은 그들이 어디에 살든지 간에 모든 신자들을 위한 오늘날의 그리스도이시다. 그분의 눈은 그들 위에 있으며 그분의 귀는 그들의 부르짖음에 대해 열려 있다. 우리는 항상 은혜의 보좌로 나아가며 그분으로부터 우리가 필요로 하는 모든 도움을 믿음으로 받을 수 있다(히 4:14 - 16). 할렐루야! 아멘!

영원

그분은 예언의 그리스도이시다. 예수 그리스도는 구약과 신약 모두에서 예언의 중심 주제가 된다. 구약의 선지자들은 "그분께서 오실 것이다!"라고 예언하였으며 신약의 사도들은 우리에게 "그분은 다시 오실 것이다!"라고 확언한다. 1세기의 교회는 그분께서 약속하신 재림을 기다리며 들뜬 가운데서 살았으나, 오늘날에는 너무도 많은 설교자들이 그 예언적 메시지를 성경적인 계시라기보다는 오히려 단순한 억측으로 보아 던져 버리고 있다. 그리하여 그들은 예언을 설교하는 일을 사교(邪敎)들에게 양도하고 있다(이단들이 다시 오실 예수님을 그들의 목적달성을 위해 악용하여 설교했기 때문에 재림에 대한 무관심과 거부감이 형성되기도 했음 - 역자의 주). 하나님의 사람들이 성경적 예언의 진리들에 관심이 있고 그것들에 의하여 흥분하던 때가 있었다. 그리하여 예수 그리스도의 재림의 진리를 상고하기 위하여 큰 집회를 열기도 하였다. 불행하게도 예언의 많은 선생들은 예언을 기독교인의 실천적 삶과 연계시키지 못했다. 따라서 점차 하늘은 긴장감을 주는 현재적 동인이 아니라 편안한 미래적 목적지가 되어 버렸다.

하지만 성경적 예언을 설교하는 것은 커다란 가치가 있다. 우리가 메시지 선포에 성경에서 발견되는 것과 같은 실천적 강조를 두기만 한다면 말이다. 바울이 데살로니가 교인들에게 보낸 첫 번째의 서신을 그 한 예로 고려해 보라. 사도는 우리 주님에 대한 기대를 전도를 위한 동인(2:17-20), 기독교인의 성장(3:11-13), 위안(4:13-18), 그리고 경건한 삶(5:23-24; 요일 3:1-3을 보라)으로뿐 아니라 구원의 증거로 제시하고 있다(1:9-10). 요한이 요한계시록을 쓴 것은 학자들이 도표들을 도출할 수 있게 하려고 기록한 것이 아니다. 핍박을 통과하고 있는 기독교인들이 그리스도의 약속된 승리를 확신함으로부터 능력 있는 신앙생활을 할 수 있도록 하기 위함이었다.

그리스도를 전하는 것이야말로 설교자가 필요로 하는 것이다

그리스도를 전하는 것은 듣는 사람을 도울 뿐만 아니라 그 일은 또한 설교자를 돕기도 한다! 그 한 가지 이유는, 그리스도를 전하는 일은 강단을 사용하여 우리가 우리 자신을 전하거나 우리의 능력을 전시하지 못하게 막아주기 때문이다. "그 누구도 동시에 그리스도와 자기 자신을 증거할 수는 없다. 그 누구도 그 자신이 똑똑하다는 인상과 함께 그리스도 역시 구원하실 만큼 강력하다는 인상을 남길 수는 없다"라고 대니 교수는 말했다.[3] 그리스도를 전한다는 것은 인상을 주기 위해서가 아니라 표현하기 위해서 설교하는 것을 의미한다.

우리의 모범은 세례 요한의 설교 내용과 자세인데, 그는 하나님의 어린양이신 예수를 가리킬 뿐 자기 자신에 대하여 말하기를 거절하였다(요 1:19-29). 예수는 말씀이시지만, 요한은 음성일 뿐이었다(23절). 그러므로 당신은 음성을 볼 수는 없다. 예수는 신랑이시나 요한은 고작해야 대단히 훌륭한 사람일 뿐이다(3:27-30). 예수는 빛이시나 요한은 비천한 사기 등잔으로써 빛을 다른 사람들에게 전달할 뿐이다(5:35). 요한의 소망은 말씀을 전하는 모든 사람의 소망이 되어야만 한다. "그는 흥하여야 하겠고 나는 쇠하여야 하리라 하니라"(요 3:30). 진실로 명심해야 될 태도요, 말씀이다.

그리스도를 전하는 것은 또한 우리로 하여금 성경 전체를 전할 수 있게 한다. "모든 성경은 하나님의 감동으로 된 것으로 교훈과 책망과 바르게 함과 의로 교육하기에 유익하니"(딤후 3:16). 그런데 우리는 하나님께서 우리에게 주신 "모든 말씀"으로 살아야 한다고 명을 받고 있다(마 4:4). 이것이 의미하는 바는 우리가 사람들에게 균형 잡힌 영적 음식을 제공해야 하며 우리는 우리가 전하기 제일 좋아하는(또는 가장 쉽게 전할 수 있는) 성경 구절들 안에서 머뭇거려서는 안 된다는 것이다. 만일 우리가 볼 수 있는 눈이 있기만 하다면 그리스도는 모든 성경 안에서 발견할 수 있다. 그리고 사람들이 그리스도를 볼 수 있을 때, 성령은 그들로 하여금 성경이 그들에게 하라고 말씀하시는 바를 성취할 수 있게 만들어 주신다.

그리스도를 전하는 것은 사역자를 격려하여 현재 시제로 그리스도를 전하게 한다. 장의자에 앉아 있는 사람들의 불평들 중의 하나는 너무도 많은 사역자들이 과거 시제로 설교를 하기 때문에 진리가 일상 생활과 접촉하는 지점을 결코 발견할 수가 없다는 것이다.[4] 추상적인 진리를 말하는 것은 당신의 회중 가운데 있는 고독한 철학자를 흥미있게 할 수는 있겠으나, 그것은 결코 보통의 예배자의 인생을 변화시키지는 못할 것이다. 하나님의 모든 속성과 그리스도인의 모든 덕목은 거룩하고 균형잡힌 사람의 최고의 모범이 되시는 예수 그리스도 안에 구현되어 있다.

더 나아가, 그리스도인의 믿음의 기본적인 교리들은 모두 그리스도 안에 구현되어 있다. 그분 "예수는 하나님께로서 나와서 우리에게 지혜와 의로움과 거룩함과 구속함이 되셨다"(고전 1:30). 예수를 경시해 보라. 그러면 당신은 기독교 교리를 가르칠 수 없게 될 것이다. 몇 년 전에 나는 영국 빅토리아 여왕 당시의 역사에 대한 책을 한 권 읽느라고 애쓰고 있었다. 그 때 나는 우연히 빅토리아 여왕의 새로운 전기 한 권을 발견하였다. 나는 그 전기로 바꿔 읽었으며 그 여왕과 빅토리아 시대의 영국에 대하여 모두 배울 수 있는 즐거운 시간을 갖게 되었다. 그리스도에 대해서도 그렇다. 우리가 그분께 관심을 집중할 때 성경의 교리들은 이해하기 더 쉽고 우리의 일상 생활에 적용되어진다.

마지막으로 그리고 가장 중요한 것은, 우리가 그리스도를 전할 때 성령의 도움을 확신할 수 있다는 것이다. 왜냐하면 성령은 하나님의 아들을 영화롭게 하기 위하여 보내심을 받았기 때문이다(요 16:12-15). 재능, 경험, 또는 설교학적 기술이 제 아무리 뛰어나다 할지라도 강단에 능력을 나누어줄 수는 없다. 왜냐하면 그리스도에 대한 효과적인 증거는 오직 성령의 권능으로부터 오기 때문이다(행 1:8). 내가 앞장에서 말했듯이 우리는 복음이 사람들에게 다가가되 "말로만이 아니라 오직 능력과 성령과 큰 확신으로"(살전 1:5) 다가가기를 원한다. 그런데 그런 일이 일어나려면 우리는 그리스도를 전해야만 한다.

그리스도를 어떻게 전하나?

당신이 설교 개요를 완성한 다음에 당신 자신에게 "내가 이 메시지의 어디에 예수를 집어넣을까?"라고 질문한다면 당신은 그리스도를 전하는 것이 아니다. 예수에 대한 진리는 당신이 음식을 다 조리한 후에 그 위에다 뿌리는 양념이 아니다. 예수 그리스도는 "그 날의 주식"이므로 그것을 중심으로 다른 모든 것이 배열되어야 한다. 영감을 받아 성경을 쓴 사람은 교리와 의무를 모두 예수 그리스도와 연결시켰는데, 우리는 그들의 모범을 따라야 한다.

"서로 인자하게 하며 불쌍히 여기며 서로 용서하라"는 말은 인격이 성숙된 거의 모든 사람이 줄 수 있는 현명한 조언이다. 그러나 설교자는 "하나님이 그리스도 안에서 너희를 용서하심과 같이 하라"라는 말을 첨언해야 한다(엡 4:32). 용서는 예수 그리스도와 연계되어야만 하는데 이는 우리가 그분을 통하여 용서를 경험하였기 때문이다. 믿지 않는 결혼 상담자는 남편에게 자기 아내를 사랑하라고 권면할 수 있겠으나, 기독교인 상담자는 "그리스도께서 교회를 사랑하시고 위하여 자신을 주심 같이 하라"(엡 5:25)는 말을 첨언해야 한다. "우리가 사랑함은 그가 먼저 우리를 사랑하셨음이라"(요일 4:19). 바울이 무관심한 고린도 신자들에게 예루살렘 성도들을 위한 기금에 헌

금을 하라고 권면하고 싶었을 때, 그는 그들의 연보를 그들의 구세주께서 그들을 위하여 행한 일과 연계시켰다. "우리 주 예수 그리스도의 은혜를 너희가 알거니와 부요하신 자로서 너희를 위하여 가난하게 되심은 그의 가난함을 인하여 너희로 부요케 하려 하심이니라"(고후 8:9).

모세는 약속된 땅에 들어갈 준비를 갖추고 있는 새 세대의 이스라엘 사람들에게 하나님의 율법을 가르칠 때 유사한 접근법을 사용하였다. "기억하다"라는 단어는 신명기에서 14번이나 쓰였으며, "잊어버리다"라는 단어는 적어도 19번 사용되고 있다. 만일 그들이 하나님께서 그들을 위하여 행하신 일을 기억한다면 그들은 그분의 말씀을 듣고 거기 순종하는 데 전혀 문제가 없었을 것이기 때문이다. 그들이 왜 안식일을 지켜야 하는가? "너는 기억하라 네가 애굽 땅에서 종이 되었더니 너의 하나님 여호와가 강한 손과 편 팔로 너를 거기서 인도하여 내었기"(신 5:15) 때문이다. 그들이 왜 그들의 종들에게 너그러워야 했는가? "너는 애굽 땅 종 되었던 것과 네 하나님 여호와께서 너를 속하셨음을 기억하여야"(신 15:15) 하기 때문이다. 그들이 왜 그 땅에 있는 이방인들과 타국인들을 돌보아 주어야만 하였는가? "너는 애굽에서 종이 되었던 일을 기억하여야"(신 24:18) 하기 때문이다. 하나님께서 그분의 백성들을 위하여 행하신 일이 그분의 백성이 그분을 위하여 그리고 다른 사람들을 위하여 하는 일을 결정해야 했던 것이다.

일단 우리가 이런 성경적인 원리를 받아들인다면, 우리는 그것이 우리의 삶과 우리가 하는 일을 제어하도록 허용하게 될 것이다. 이것은 예수 그리스도와 친밀한 관계를 개발하는 것을 의미한다. 그리하면 그분께 대한 우리의 헌신이 성경 안에서 그분을 볼 수 있도록 열린 눈을 주게 된다. 그분께 순종하고자 하는 마음을, 그리고 그분을 다른 사람들에게 선포할 준비된 혀를 주게 된다. 그리스도를 전하는 것은 우리가 맹목적으로 따르는 설교학적 규칙이나 필요할 때마다 우리가 켜기도 하고 잠그기도 하는 그런 장치가 아니다. 그리스도를 전하는 것은 우리 삶 가운데서 항상 역사해야 하는 영적인 직관이다. 그것은 말씀 안에서 그리스도와 함께 훈련된 시간을 보내고 그분을 예배하고 기도하고 우리가 하는 모든 일에서 그분을 기쁘시게 하고자 노력한 결과이다. 만일 우리의 심장들이 그리스도의 생각으로 채워지고, 우리의 혀들이 그리스도를 다른 사람들에게 전하기 위하여 하나님의 도구가 된다면, 그 때 우리는 그분의 아름다움과 승리 가운데 계시는 예수님을 항상 보게 될 것이다. 시편 45편에 나오는 고라 자손들처럼 말이다. 교인들이 말씀 안에서 그리고 삶 안에서 그리스도를 더 많이 보면 볼수록, 그들은 그분을 더 많이 사랑하게 될 것이다. 그리고 그들이 그분을 더 사랑하면 사랑할수록 그들은 그분께 더 많이 순종하며 그분의 뜻을 더 많이 이행하게 될 것이다. 그리스도를 전하는 것이 필요한 이유가 바로 그것이다.

"가장 훌륭한 설교는 그리스도로 충만한 설교이다"라고 찰스 스펄전이 말했다. "그리스도가 없는 설교는 무시무시하고 끔찍한 것이다. 그것은 물 없는 우물이며, 비 없는 구름이며, 두 번 죽어 뿌리까지 뽑힌 나무이다."[5]

제4장

우리는 현실의 사람들에게 설교한다.

We Preach to Real People

예수님은 대부분 군중에 둘러싸여 있었으나 그 분은 항상
개인을 위하여 시간을 내주셨으며 그들을 결코 기다리게 하지 않으셨다.
현명한 사역자는 세상을 얻고 상황을 변화시키되 개인에게 설교를 한다.

4장
우리는 현실의 사람들에게 설교한다.

We Preach to Real People

"현실의 사람들과 계속 교류하라... 예수는 그렇게 하셨다.
당신도 그렇게 하여야 한다."
밥 브라이너의 〈예수의 관리 방식들〉

당신이 어떤 설교를 듣고 있을 때, 설교자가 "허공에다 대고" 말을 하고 있는지 아니면 개개인들의 마음 속에다 직접 말을 하고 있는지를 아는 데는 많은 시간이 걸리지 않을 것이다. 나는 과거에 현학적이지만 먼 나라 얘기처럼 들리는 메시지를 들은 적이 있는데, 아마도 그것은 그 설교자가 쓰고 있었던 한 책의 다음 장이었을 것이다. 축도가 끝난 지 5분이 채 안 지났는데도 나는 그가 말했던 것을 하나도 기억할 수가 없었다. 나는 그것이 내 마음에 와닿지 않았다는 것만을 기억할 수 있을 뿐이었다. 그런 일은 참으로 특이하다. 왜냐하면 나는 설교를 듣게 될 때는 매우 관심을 기울이며 동정적인 청자가 되기 때문이다.

만일 한 설교자가 200여 명의 예배자들에게 30분 동안 설교를 했다면, 그는 금쪽 같은 100시간에다가 그가 그 설교를 준비하는 데 들인 시간까지를 모두 낭비해 버린 것이다. 총체적으로 볼 때, 사람들이 뭔가 도움이 되는 것을 얻지 못하고 그대로 흘러가 버리는 시간은 엄청난 것이다. 헨리 데이빗 도로(Henry David Thoreau)는 자기 자신을 복음주의적 신자라고 부르고 싶어하지 않았지만, 그는 "당신은 시간을 허비하면서도 영혼에 손상을 주지 않을 수는 없을 것이다"라고 썼을 때 정곡을 찌르는 말을 했다. 우리가 현실의 사람들에게 설교하지 못할 때,[1] 우리는 시간을 허비할 뿐 아니라 영원을 손상시키는 것이다.

17세기 영국에서는, 기결수인 죄수들에게 그들이 죽음에 대비하도록 돕기 위하여 "회개할 때 얻게 될 사죄에 대한 설교"를 들을 수 있는 특권을 주었다. 한번은 교도소 교회의 목사인 스윈턴이 자신이 대학에서 설교했던 설교를 그대로 사용하였다. 자기 원고를 무턱대고 따라가던 그는 그만 메시지의 남은 부분은 다음 주일에 전하겠다고 말함으로 결론을 맺고 말았다. 그러나 불행하게도 수인(囚人)들이었던 회중들은 그 설교의 나머지 부분을 들으러 다시 올 수가 없었다. 왜냐하면 그들은 다음날 호출되어 교수형에 처해졌기 때문이다. 스윈턴 씨는 현실의 사람들에게 설교하고 있지 않았음이 분명하다.[2]

개인적 관점에서 생각하고
회중의 관점에서 하지 말라.

우리는 회중이 아니라 개인의 관점에서 생각할 때 현실의 사람들

에게 설교하고 있는 것이다. 스윈턴 씨에 관한 이야기와는 대조가 되는 것으로, 한 어머니가 자기의 어린 딸을 데리고 찰스 스펄전이 설교하는 것을 들으러 갔을 때 있었던 일에 대한 기술을 고려해 보자. 약 15분쯤 귀를 기울인 후에 그 소녀는 자기 어머니에게 속삭였다.

"엄마, 스펄전 목사님이 나에게 얘기하고 있는 거예요?" 그렇다. 그는 성전에 앉아 있는 다른 오천 명의 개개인에게 뿐만 아니라 그녀에게도 얘기하고 있었다. 스펄전은 거대한 무리를 끌어들였으나 그는 개인들에게 설교하고 있었다.

1945년 4월 30일부터 1972년 4월 30일까지, "아더 갓프리 타임"(Arthur Godfrey Time)은 CBS의 군림하는 낮 시간 라디오 프로그램이었다. 일주일에 사천 만 명 이상의 청취자들이 상업 광고를 포함하여 갓프리의 말 한 마디 한 마디에 세심히 귀를 기울였다. '라디오 음성'으로서 그의 성공 비결을 묻는 질문에 갓프리는 자기가 '라디오 랜드'라 불리는 신비로운 지역에 살고 있는 수많은 사람들에게 말하고 있다고 상상해본 적이 없다고 설명하였다. 그는 자기 자신을 한 청취자인 개인과 환담하는 친구로 보았다고 말하였다 – 그들은 아마도 트럭을 몰고 있는 사람, 설거지를 하고 있는 여자, 병상에 누워 있는 환자, 그리고 할 일이 하나도 없고 돌볼 사람이 하나도 없는 외로운 사람이었을 것이다. 그가 표현한 모든 내용은 청취자에게 다음과 같이 말하였다. "나는 당신에게 관심을 가지고 있습니다. 그리고 당신에게 나눠 줄 중요한 무엇을 가지고 있습니다." 3)

회중들이 모이는 일에 전심전력하는 것을 당신이 발견하게 된다면 그 때는 당신의 인생에서 경축할 만한 날이 될 것이다. 개교회 안에는 개인들이 모이게 된다. 그러므로 현명한 사역자는 그 개인들에게 설교를 한다. 이 말이 의미하는 바는 우리가 사람들을 개별적으로 골라내며 그들에게 강단으로부터 오만한 태도로 설교하는 것이 아니라는 것이다. 그것이 의미하는 바는 설교를 할 때 사람들에게 다음과 같이 말하는 접근법을 채택한다는 것이다. "그렇습니다. 나는 내가 이 강단 위에 그리고 때로는 이 강단 뒤에 있으며 당신은 거기 앉아 있다는 것을 압니다. 그러나 그렇게 하는 것은 단순히 당신들이 모두 나를 볼 수 있으며 내 말을 들을 수 있게 하기 위함일 뿐입니다. 나는 당신들과 함께 앉아서 이 메시지를 나누고 싶은 마음이 간절합니다. 그러나 나는 그렇게 할 수가 없습니다. 그러므로 나는 차선책을 택할 수밖에 없었으며 이제 나의 메시지를 마치 내가 당신 곁에 있는 것처럼 전달하고 싶습니다."

예수님은 대부분 군중에 둘러싸여 있었으나 그분은 항상 개인들을 위하여 시간을 내주셨으며 그들을 결코 기다리게 하지 않으셨다. 산상 수훈을 말씀하신 후 우리 주님은 중풍병으로 고생하는 백부장의 종의 필요들을 충족시켜 주는 시간을 가지셨다. 야이로의 집으로 가는 길에서 그분은 12년 동안 고난을 당해 온 가련한 여인을 돕기 위하여 멈추셨다. 베드로는 오순절에 삼천 명의 사람들이 회심하는 것을 보았으나, 시간을 내서 성전 문간에 있는 한 거지를 돌봐 주었다. 그러자 2000명이나 되는 사람들이 더 그리스도를 의지하게 되었다. 우리는 세상을 얻고 상황을 변화시키되 한 번에 한 명씩 하도록 하자(행 4:4 참조).

개개인을 하나님의 형상대로 피조된 사람들로서 존중하라.

현실의 사람들은 함께 생각하고자 하는 마음을 가지고는 있지만 설교자를 높이고 듣는 사람들을 왜소하게 만드는 겸손한 체하는 설교들을 좋게 여기지는 않을 것이다. 예수님은 결코 사람들을 굽어보면서 말씀하시지 않았다. 그분은 그들이 있는 곳에서 시작하셨으며 심오한 것들을 간단하게 만들고 간단한 것들을 심오하게 만드는 은사가 있으셨다. 그분은 사람들이 생각하도록 격려하셨다. 현실의 사람들은 또한 함께 느끼고자 하는 마음이 있는데, 예수님은 그런 감정들을 존중하셨다. 그분이 세리들과 다른 사회적, 종교적 폐인들을 영접하셨을 때 그들과 함께 사랑을 나누시는 한편 동시에 정직하게 그들의 마음을 살피시며 그들의 가장 깊은 필요들을 채워 주셨다. 예수님은 그들의 감정을 무시하지도 않으셨고 이용하지도 않으셨다.

현실의 사람들은 함께 결정할 의지를 가지고 있다. 그런데 예수님은 결코 그 누구에게도 사기치거나 압력을 행사하여 결정을 하게 하신 적이 없으시다. 그분은 "암탉이 제 새끼를 날개 아래 모음 같이 내가 너희의 자녀를 모으려 한 일이 몇 번이냐 그러나 너희가 원치 아니하였도다"(눅 13:34)라고 통탄하셨다! 바울도 그분의 모범을 따랐다. "우리의 권면은 간사에서나 부정에서 난 것도 아니요 궤계에 있는 것도 아니라"(살전 2:3).[4] 바울 시대의 순례 교사들의 대부분은 정신적 체조술(體操術)을 사용해서 그들의 청취자들을 놀라게 하고 마음대로 끌고 다녔으나, 바울은 분명하고도 신실하게 말하였다(고후

4:1-2).

오늘날의 어려움은 우리가 사회의 기술, 가치들, 그리고 철학들이 연합하여 사람들을 비인간화시키는 세상 안에서 사역하고 있다는 것이다.[5] "만일 여러분이 미래에 대한 청사진을 원한다면, 인간의 얼굴을 짓밟고 있는 구두를 상상하도록 하라 영원히!" 라고 조지 오웰(George Orwell)은 그의 책 〈1984〉에서 썼다.[6] 당신의 얼굴을 잃으면 당신은 정체성을 잃게 될 것이다. 그러면 당신은 오웰이 "인격이 아닌 인격" 이라고 부른 것과 같이 된다.

우리 사역의 목표는 "각 사람을 그리스도 안에서 완전한 자로 세우려 함" (골 1:28)인데, 당신은 사람들을 비인간화시켜서는 그 일을 할 수가 없다. 사람들이 보다 더 그리스도를 닮을수록 그들은 보다 더 그들 자신의 진실한 자아가 되며 그들의 가장 훌륭한 자아들이 된다. 예수님은 개인 인격성이나 정체성을 파괴하지 않으신다. 그분은 열두 사도들과 함께 융합하여 일단의 얼굴 없는 추종자들의 뒤섞인 집단을 만들지 않으신다. 각 사람은 독특했으나, 각자는 또한 예수님과 같았다. '그리스도를 닮은 개별성' 은 그리스도인들과 이교도들 사이의 중요한 차이점들 중의 하나이다.

사랑 안에서 진리를 말하라.

우리가 사람들을 물건이 아니라 인간으로 다루는 또 다른 길은 우리가 사랑 안에서 진리를 말할 때인데, 이것은 특별한 관심을 받을 만하다. 우리가 설교 중에서 말하는 내용은 중요하다. 그러나 우리가 그것을 어떻게 말하느냐도 중요하다. 바로 그것이 바울이 "사랑 안에서 진리를 말하는 것"(엡 4:15)에 대하여 쓴 이유이다. 여러 윤리 교사들은 우리에게 사랑이 없는 진리는 짐승 같은 행동이 될 수 있다고 상기시켰으나, 진리가 없는 사랑은 위선이 될 수가 있다. 그러므로 우리는 그 두 가지를 다 원하지 않는다.

분명히 의로운 분노를 일으킬 수는 있겠으나, 그것은 사랑과 함께하는 고통이 되어야만 한다. 그렇게 되지 않으면 우리는 사람들을 파괴할 것이다. "사람의 성내는 것이 하나님의 의를 이루지 못함이니라"(약 1:20). 성공회 전도자 존 베리지(John Berridge)는 사역자들에게 그들이 "청중을 무시함으로써 시작하면 모세는 당신에게 베는 칼을 빌려 줄 것이다"라고 말하였다. 찰스 시므온은 잠시 그 조언을 추종해 보았다. 그러나 그는 곧 "도살자들처럼 행동하는 설교자들"의 어리석음을 보게 되었다. 그의 노련한 조언을 들어보자. "당신의 설교가 마음으로부터 나오게 하라. 사랑은 모든 행동의 우물이 되어야 하며 특히 사역자의 모든 행동의 우물이 되어야 한다. 만일 사람의 마음이 사랑으로 가득 차 있다면 그는 상처를 주는 일은 거의 없을 것이다."[7]

우주적인 인간적 필요들을 충족시키기 위하여 설교하라.

헨리 나우엔(Henri Nouwen)은 다음과 같은 빛나는 진술을 하였다. "궁극적으로 나는 가장 개인적인 것이 또한 가장 우주적인 것이라고 믿는다."[8] 다른 말로 하면, 우리가 우주적인 필요들에 대하여 설교할 때 우리는 또한 사람들에게 개인적인 사역을 하고 있는 것이며 그들이 상처받은 곳을 어루만지고 있는 것이다. 애매한 본문들이나 유행을 따르는 주제들은 현명한 설교자를 유인하지도 못하며 그것들은 낙담한 신자를 강하게 하지도 못한다. 사도 요한이 온 세상을 위하여 그의 복음서를 썼을 때 그는 우주적인 이미지들을 주로 다루었다. 그 중 몇 가지만 들더라도 빛과 어두움, 출생, 기근과 갈증, 바람과 추수와 같은 것들이다. 그는 또한 우주적 이미지들뿐 아니라 땅에 있는 인간들의 인간적 감정들을 다루었다. 그것은 믿음과 의심, 사랑과 증오, 두려움과 확신, 슬픔과 기쁨, 그리고 고통이었다.

"인류의 위대한 책을 부지런히 읽으라"고 사무엘 요한슨(Samuel Johnson)은 자신의 젊은 친구 제임스 보스웰(James Boswell)에게 충고하였다. 그 친구는 화란에서 법을 공부하기 위하여 영국을 떠나려 하고 있었을 때였다.[9] 이말은 법률가뿐 아니라 목회자에게도 현명한 조언이다. 왜냐하면 만일 우리가 사람들을 알지 못한다면 우리는 그들이 하나님을 알게 되는 일을 돕는 데 어려움을 겪게 될 것이기 때문이다. 하나님의 사람들을 사랑하는 것과 하나님을 보다 더 잘 아는 것 사이에는 긴밀한 연관성이 있다(요일 4:7-8). 덤머(Dummer)에 있는 한 교회에서 임시 목사로 봉사하는 동안 조지 휫필드(George Whitefield)는 자신의 일기에다 "나는 종종 오후의 심방을 통해 한 주간의 공부에서 얻는 것과 같은 내용을 배우곤 한다"[10] 라고 썼다. 나도 역시 그 경험을 확인시켜 줄 수 있으며 그것에 대하여 하나님께 감사한다.

어떤 이유에선가, 많은 사역자들은 그들이 효과적인 설교자들이 되는 것과 돌보는 목회자가 되는 것 사이에서 선택을 해야만 한다는 어리석은 생각을 가지고 있다. 마치 사역에는 하나가 아니라 두 가지의 부르심이 있는 것처럼 말이다. 필립스 브룩스는 그 문제에 대하여 이렇게 답한다. "설교자는 목회자가 되어 현실의 사람들에게 설교할 수 있게 될 필요가 있다. 목회자는 설교자가 될 필요가 있다. 이는 그가 자신의 일의 생동감 넘치는 위엄을 유지할 수 있기 때문이다. 목회자가 아닌 설교자는 냉담해진다. 그리고 설교자가 아닌 목회자는 시시한 사람이 된다."11) 다른 말로 하면, 설교자는 동정심을 갖기 위하여 목회자가 되어야 하며 목회자는 권위를 갖기 위하여 설교자가 되어야 한다는 것이다.

수년 동안 자신을 한 회중에게 전적으로 헌신하고 있는 신실한 사역자들은 교회의 규모가 그들의 비전의 크기나 기회의 넓이와 전혀 관련이 없다는 것을 증거할 수 있다. 모든 지역 교회들은 인간 세계의 소우주인데 인간 본성의 우물은 깊다. "나는 콩코드를 타고 많이 여행을 다녀 봤다"라고 도로(Thoreau)는 썼는데, 12) 한 장소와 어떤 사람들을 잘 앎으로 그는 모든 장소들과 사람들을 알게 되었다고 하며 그들에 대하여 기교 있게 글을 썼다. 로벗슨 니콜(W. Robertson Nicoll)은 훌륭한 기고가의 첫 번째 자격은 "홍미를 가지는 것"이라고 말하였는데, 나는 훌륭한 설교자에 대해서도 같은 말을 하고 싶다. "작가나 태어난 기고가는 매사에 있어서 홍미를 갖게 한다"라고 니콜은 썼다. "인간들이 그의 관심을 끌기 때문이다." 13)

찰스 슐쯔(Charles Schulz)는 그의 작품 〈피넛〉에서 등장하는 인물 러이너스로 하여금 많은 설교자들이 분명히 느낄 수 있는 내용을 표현하게 만들었다. "나는 인간들을 사랑한다. 내가 견딜 수 없는 것은 사람들이다!" 어쨌든 그것과 같거나 아니거나 사람들은 사역이 관계하는 모든 것이다. 그리고 우리가 양들과 어린 양들을 사랑하는 것을 빨리 배우면 배울수록 그들을 먹이고 그들을 지도하는 일이 보다 더 쉬워질 것이다(요 21:15-17). 우리는 멀리 떨어져 있는 사람들을 사랑할 수가 없으며 또 신실한 목자도 될 수 없다. 역설적으로 들릴는지 모르나, 우리가 우리 자신의 양들을 알게 될 때에 우리는 어느 양들이든지 다 섬길 준비가 더 잘 되게 된다. 왜냐하면 사람들은 역시 사람들이며 그들의 필요들은 우주적이기 때문이다.

당신의 메시지들을 당신의 사람들을 염두에 두고 준비하라.

"목회자들은 메시지를 준비할 동안에 항상 그들의 사람들을 생각하지 않는가?"라고 당신은 질문할지 모른다. 우리는 교인들을 격려하고 돕기 위하여 말씀을 전하고 있지 않는가? 글쎄, 그것은 바로 우리가 해야 할 일이다. 그러나 우리가 목자의 심성을 가지지 않으면 우리는 내용에 너무 관심을 가진 나머지 그 목적을 경시하게 된다. 나는 해리 에머슨 포스딕(Harry Emerson Fosdick)과 의견을 같이 하지 않는다. 그러나 설교에 대한 그의 접근법은 현명하였으며 실제적이었다. "강의는 주로 천명되어져야 할 주제에 대하여 관심이 있다. 설교는 주로 성취되어져야 할 목표에 대하여 관심이 있다"라고 그는 썼다. [14] 간단히 말하면, 우리의 목적은 성경의 한부분을 설명하고 적용함으로써 어떤 목표를 성취하는 것이다. 만일 당신이 하나님의 부름을 받았다면, 당신은 목회자와 교사 둘 다가 되어야 한다(엡 4:11). 왜냐하면 목자(목회자)는 하나님의 말씀을 도구로 양들을 인도하고 먹이기 때문이다.

매우 훌륭한 회중들이 나를 청빙하여 그들의 설교 목사가 되어 달라고 한 적이 있다. 그들은 내가 해야 하는 것은 설교하는 것뿐이라고 나에게 확언하였다. 나는 사람들을 심방하지 않아도 되었으며, 상담을 전혀 하지 않아도 되었으며, 결혼식이나 장례식을 집례하거나 심지어는 당회에 참석하지 않아도 되었다. 감사하지만 내가 그들의 초청을 거부하였을 때 위원회는 충격을 받았다. 그리고 내가 그 이유를 설명하였을 때 그들은 한층 더 충격을 받았다. 나는 다음과 같이 말했다. "당신들은 나에게 얼굴 없는 군중을 상대로 사역하라고 요구하고 있으나 나는 그런 일은 할 수가 없습니다. 분명히 말합니다만, 나는 매주 받아들일 만한 설교를 할 수는 있겠으나 그것들은 사람들의 필요들을 충족시키지 못하는 메시지들이 될 것입니다. 나는 교회 가족들로부터 멀리 떨어져 있게 될 것이며 그것은 설교들을 날로 더 비개인적인 것이 되게 할 것이고 날로 더 학문적이 되게 만들 것입니다. 그런 것은 역사하는 힘이 없습니다."

노련한 목사들이 경작지 곁에서 사람들에게 설교하는 큰 교회에서는, 그 목사들은 많은 개인들에게 가능한 한 그들의 마음을 따뜻하고 민감하게 유지하는 법을 배운 사람들이다. 그것은 쉽지가 않으나 불가능한 일도 아니다.

존 헨리 조웨트(John Henry Jowett)는 다음과 같이 말했을 때 도움이 되는 하나의 조언을 주었다.

> 나는 내 마음의 원(圓) 가운데 적어도 십수 명의 남자와 여자들을 간직하고 있습니다. 그들은 타고난 기질이 매우 다양하며 일상 생활 환경이 매우 다릅니다. 이 사람들은 단순한 추상적 개념이 아닙니다... 이들은 내가 아는 현실의 남자와 여자들입니다... 내가 일을 준비하는 동안 나의 마음은 끊임없이 이 보이지 않는 원을 둘러보곤 합니다. 그리고 나는 내가 어떻게 하면 이 특정의 진리의 떡을 공급하여 모든 사람들에게 영양가를 공급할 수 있을까 하고 생각합니다.

그 다음에 그는 이렇게 첨언하였다. "신사들이여, 우리의 메시지는 관계된 것이어야 합니다. 우리는 모든 사람이 우리의 열쇠가 그 자신의 개인적 문의 자물통에 맞는다고 느끼게 만들어 주어야만 합니다." [15]

우리가 메시지를 준비할 때 사람들을 눈으로 보게 되는 것의 또 다른 국면은 반대와 어려움들을 예견하는 것이다. 몇몇 사람들의 마음은 중세의 성곽 같아서 그들의 두려움과 선입견들이 연합하여 하나님의 진리가 들어오지 못하도록 할 것이다(바울은 고린도후서 10:1-6을 쓸 때 이런 사람들 중의 몇몇을 염두에 두고 있었을 것이다). 그들이 그것을 알든지 모르든지 간에, 회중 가운데 있는 모든 이들은 삶을 정 화시키고 지도하는 것을 돕는 어떤 세계관을 가지고 있다. 우리가 할 일은 그 세계관이 보다 더 성경적이 되도록 만드는 일을 돕는 것이다. 그러므로 우리는 그들의 반대 의견들에 대항하며 그들의 주장들에 답해야만 한다. 한 설교자가 "이 점에서 여러분 중의 몇몇은 다음과 같이 생각할 것입니다..."라고 말할 때 그것은 문들을 열고 도개교(drawbridge, 다리의 한끝이 들리면서 열리게 된 움직임이 가능한 다리 – 역자 주)를 낮추고 진리로 행진하여 들어와 명령하게 만드는, 부드럽기는 하나 강력한 방식인 것이다.

언어의 능력에 민감하라.

구두로 된 것이든 인쇄된 것이든 언어의 능력을 결코 평가 절하하지 말아야 한다. 노먼 커즌스(Norman Cousins)에 의하면, 아돌프 히틀러(Adolf Hitler)가 '마인 캠프'에서 한 모든 말을 좇아 125명의 사람들이 2차 전쟁 중에 목숨을 잃었다고 한다.[16] "사망과 생명은 혀의 권세에 달렸느니라"(잠 18:21). 그러므로 말씀의 권세를 사용하여 하나님께 영광을 돌리는 설교자는 현명하다. 혀는 불이나 위험한 짐승처럼 파괴시킬 수가 있다(약 3:5-8). 그것은 해를 끼칠 수 있으며 "방망이나 칼이나 뾰족한 살처럼"(잠 25:18) 치명적일 수가 있다. 그러나 혀는 또한 꿀과 같아서 치료(잠 16:24)를 가져오거나 찬 물과 같아서 시원함(잠 25:25)을 가져올 수도 있다. 적당한 말은 낙담한 자들을 격려할 수 있으며 피곤한 자들을 강하게 할 수 있다(사 50:4). 합당치 않은 말은 사람들이 모임이 끝난 후에 그들이 올 때보다 더 많은 짐을 가지고 집으로 돌아가게 할 수 있다.

나는 설교자들이 누군가에게 상처를 줄까봐 '정치적으로 올바른 잡지'에 기부하거나 설교를 항상 극히 조심해야 한다고 제안하고 있는 것은 아니다. 만일 우리가 복음에 성실하다면, 우리는 십자가의 거치는 것을 회피해버릴 수 없을 것이다(갈 5:11). 그러나 우리는 강단에서 고의적으로 사람들에게 상처를 주지 않기 위하여 최선을 다해야만 한다. "범사에 네 자신으로 선한 일의 본을 보여 교훈의 부패치 아니함과 경건함과 책망할 것이 없는 바른 말을 하게 하라. 이는 대적하는 자로 하여금 부끄러워 우리를 악하다 할 것이 없게 하려 함이라"(딛 2:7).

나의 친한 친구가 한번은 모임에서 나를 소개할 때 "조심하십시오! 이 사람의 유머는 치명적입니다!"라고 말한 적이 있다. 그는 내가 회중으로 하여금 웃게 하고 아니 심지어는 배꼽을 잡게 한 후에 그들이 거의 기대하지 못할 때에 영적인 진리로 그들의 마음에 깊이 박히는 것을 보았다. 만일 그들이 즐겁지 않았다면 그들은 그 진리를 버렸을 것이다. 강단에서 유머의 기질이 있어야 할 이유가 있기는 하지만, 거기에는 요란한 희극이나 과시가 있을 여유는 전혀 없다.[17] 우리는 회중이 설교자의 영민함에 크게 웃으며 돌아가는 것이 아니라 하나님의 위대하심에 의하여 경외심을 느끼며 집으로 돌아가게 해 주어야 한다.

우리가 혀로 말하는 것은 마음으로부터 나오기 때문에, 우리는 우리 자신에게 말할 때 우리가 사용하는 언어에 대해 주의하는 것이 좋을 것이다. 우리가 거의 기대하지 못할 때, 우리가 마음 속에서 말하는 것이 우리 입술로부터 나와서 우리를 당혹스럽게 만들 것이다. "무릇 지킬 만한 것보다 더욱 네 마음을 지키라. 생명의 근원이 이에서 남이니라"(잠 4:23). 우리가 항상 유의하여 물을 혼탁하게 만들지 않도록 하자.

마지막으로, 우리가 현시대의 현상과 어울리고 있다는 인상을 남기고자 하는 시도에서 속된 말이나 저급한 말을 사용하는 것은 위험한 일이다. 열두 제자들을 "예수를 추종하는 녀석들"이라고 부르는 것은 불경스런 것은 아니라 할지라도 천박하다. 모든 직업에는 그 직책에 대하여 유익한 지름길 노릇을 하는 그 나름의 은어가 있으나, 강단에서는 아마도 그런 것을 피해야 할 것이다. 그리고 거친 언어는 설교 가운데 절대로 들어와서는 안 된다. 나는 국제적으로 명성이 있는 한 설교자가 신학교 예배 시간에 설교하면서 욕을 하는 소리를 들은 적이 있다. 그 다음에 그는 총장에게 "이것이 지금 방송으로 나가고 있습니까?"라고 물었다. 그 설교자가 다른 사람의 말을 인용하고 있었다 할지라도, 그는 그것을 보다 더 나은 방식으로 다룰 수 있었을 것이다.

성령의 검이 듣는 사람의 마음을 찌른다면, 그건 또 다른 얘기이다. 왜냐하면 하나님의 말씀은 양날 선 검이어서 자르기도 하지만 치유를 가져오기도 하기 때문이다. 그러나 만일 우리가 상처를 주는 말로 사람들을 고의적으로 찌른 후에 치료를 가져다 주지 않는다면, 우리는 하나님께서 사랑하시고 예수님께서 죄인들을 위하여 죽으신 사람들의 감성과 지성뿐만 아니라 언어라는 위대한 은사를 모독하고 있는 것이다.

영원을 염두에 두고 설교하라.

"하나님께서 우리에게 모든 것을 후히 주사 누리게 하시는"(딤전 6:17) 것은 사실이다. 그러나 삶에는 수고와 슬픔이 섞여 있으며 신속히 지나간다는 것 또한 사실이다(시 90:10). 우리가 기대하는 것보다 더 빠르게 밤은 다가오고 우리의 일은 끝이 난다(요 9:4). 당신과 나는 언제 우리가 마지막 설교를 하게 될는지, 또는 예배자가 언제 마지막 설교를 듣게 될는지 모른다. 그러므로 우리는 우리가 하는 일을 영원에 비추어 보는 게 좋을 것이다. 요나단 에드워드(Jonathan Edwards)는 종종 자기 자신에게 질문하였다. "내가 임종에 이르게 될 때 이것을 얼마나 귀하게 여길 것인가?" 당신에게서 기쁨이 사라지는가? 당신은 시무룩한가? 전혀 그렇지 않다. 모세는 다음과 같이 기도했다. "우리에게 우리 날 계수함을 가르치사 지혜의 마음을 얻게 하소서"(시 90:12).

제5장

우리는 이해되는 말로 설교한다.

현명한 설교자는 단어들을 연구하는 사람이 되고자 애쓸 것이다.
그리고 보석 세공인이 보석을 다루고 의사들이 의료 기구들을
다루듯 단어들을 사용할 것이다.
분명하게 생각하고 주의깊게 준비하고, 사람들로 하여금
듣기 원하도록 만드는 전달법을 개발하라.

제5장
우리는 이해되는 말로 설교한다.

We Preach
to Be Understood

"나는 꾸밈없는 사람들을 위하여 꾸밈없는 진리를 고안해 낸다."

요한 웨슬레

솔트 레이크 시티에서 잠시 머무는 동안 나는 비행기의 기장과 환담하며 시간을 보내기 시작하였다. 나는 공중 교통 통제사들이 파업을 하겠다고 위협하고 있기 때문에 그가 기분이 나빠 있다는 사실을 곧 알아 차렸다.

"당신이 그들과 접촉하는 것은 주로 무선 교신을 통해서지요." 나는 말하였다. "당신은 그들을 개인적으로 알게 된 적이 있습니까?"

그는 미소를 지었다. "당신은 그들이 당신에게 착륙 지시들을 내리는 방식만을 통해서도 그들을 아주 잘 알게 될 것입니다. 대부분의 통제사들은 명령들을 분명하고 간결하게 내립니다. 그런데 캘리포니아 공항에는 한 여자 관제사가 있는데 그녀는 작동 규범서를 우리에게 직접 읽어 줍니다! 내가 아는 어떤 조종사는 그녀의 음성을 몇 분 동안 들었는데, 그녀가 그에게 알아들었느냐고 물었을 때 '관제사님,

당신은 꼭 나의 아내 같군요. 나는 당신이 말한 것을 하나도 알아듣지 못했습니다! 라고 대답하였답니다."

후에 우리의 비행기가 로스앤젤레스로 향발할 때 나는 그 조종사의 대답을 곰곰이 생각해 보았다. 나는 나 자신에게 물었다. 내가 설교할 때 사람들은 작동 규범서에 나오는 명령만을 듣는가, 아니면 그들은 살아계신 하나님께서 그분의 말씀을 통하여 그들에게 하시는 말씀을 듣는가? 아마도 그들은 하나님의 음성을 듣지 못하게 하는 다른 어떤 음성을 들음으로써 그들이 전적으로 메시지를 놓치는지도 모른다. 설교자들은 언제나 냉정하게 생각해 볼 문제이다.

우리가 메시지를 전달할 때 우리는 다음과 같은 관련된 요소들을 마음에 간직하고 있어야 한다.

* 본문을 이해하기 1)
* 메시지의 목표를 정하기
* 그 목표를 분명하게 진술하기
* 메시지의 전개를 그 목적에 비추어서 계획하기
* 어떻게 하면 사람들의 관심을 끌고 그들의 흥미를 자아낼 수 있을까를 결정하기

본문을 이해하기

씨뿌리는 자에 대한 주님의 비유에 의하면, 사람들이 하나님의

말씀을 이해하지 못하는 한 그들은 그것을 마음 속으로 받아들여 뿌리를 내리고 열매를 맺게 할 수가 없다(마 13:1-9,18-23).[2] 그 비유에서 예수님은 완악한 마음을 가진 청중은 말씀을 이해할 수 없으므로 그것을 받아들일 수가 없다고 설명하셨다. 그러므로 사단이 그 씨를 가져가 버린다. 겸비하고 준비된 마음은 하나님의 진리를 이해하는 데 필수적이다. "사람이 하나님의 뜻을 행하려 하면 이 교훈이 하나님께로서 왔는지 내가 스스로 말함인지 알리라"(요 7:17). 로벗슨(F.W. Robertson)은 순종을 "영적 지식 기관"이라고 불렀다.[3]

이 비유 안에서 보면 얄팍한 마음과 복잡한 생각을 가진 청자(聽者)들과 완악한 마음을 가진 자들은 말씀을 받아들이지 않을 뿐 아니라 받아들여도 또한 메시지를 이해하지 못하였다. 마음이 얕은 사람들은 그리스도를 따르는 것으로부터 오직 기쁨만을 기대하고 고난에 대해서는 전혀 생각하지 않았다. 핍박이 왔을 때, 그것은 그들의 본심과 불신실한 믿음을 드러냈다. 복잡한 마음을 가진 사람들은 그들의 마음에 있는 "잡초들"을 뽑아 버리지(회개) 못하기 때문에 메시지를 이해하지 못하였다. 그들은 좋은 씨가 자랄 수 있는 공간을 확보해 주지 못하였다. 좋은 씨를 받아서 그것을 양육하여 열매를 맺은 사람은 말씀을 듣고 이해한 사람들이었다.

열심히 일하기

만일 우리가 본문을 사람들에게 설명하고 적용하는 일에 성공하고자 한다면, 우리 자신이 본문을 이해해야 하고 그것을 자신의 삶에 적용해야만 한다. 이 말이 의미하는 바는 열심히 일하면서도 최대한의 시간을, 매주 성경을 읽고 연구하며 묵상하고 기도하며 주님과 사람들을 섬기는 데 투자하는 것이다. 당신은 하루 중 어느 시간이(밤이든 낮이든) 당신이 생산적인 일을 하기에 가장 좋은지를 알 것이다. 그러므로 그런 시간을 따로 떼어 선용해야 한다. 시간이 없다고 불평하지 말라. 당신에게 있는 시간의 우선 순위를 현명하게 정하라.

충분히 연구할 시간이 없다고 불평하는 사역자들은 (누가 그런 시간을 가지고 있단 말인가?), 다시 말해 하나님의 뜻 가운데서 사는 양심적인 설교자는 항상 준비가 되어 있다는 것을 기억해야 한다. 사역은 우리가 컴퓨터처럼 켜기도 하고 끄기도 하는 일련의 활동들이 아니다. 단순히 "사역을 하는" 것이 아니다. 우리는 사역자들이므로 사역하는 일을 회피할 수가 없다. 우리는 고속도로를 주행하는 동안에도 본문을 명상할 수가 있다. 우리는 치과 병원에서 기다리는 동안에도 책을 읽을 수 있다. 우리는 수퍼마켓의 계산대에 줄을 서 있는 동안에도 신선한 예화를 얻어낼 수가 있다. 인생은 사역이며 사역은 인생이다. 우리는 하나님께서 묶어 주신 것을 분리시켜서는 안 된다.

우리가 책상으로 가서 성경을 펴고 메시지를 연구하기 시작할 수 있기까지 기다릴 수 없는 그런 날들이 있다. 우리는 요리사가 잔치 준비를 하거나 여행 안내자가 흥미진진한 여행 계획을 세우고 있을 때와 같은 기분이 든다. 그러나 우리는 장군이 전투 계획을 수립하거나 광부가 터널 속으로 기어 들어갈 때와 같은 기분이 더 들 때도 있다. 우리의 감정이 무엇이든지 간에, 우리는 여전히 본문 속으로 들어가며 본문이 우리 안으로 들어오도록 허용할 수가 있다. 우리의 감정에 의해서만 동기가 부여된 연구는 진짜 성경적인 설교를 산출해 낼 수가 없다. 결국, 최초에 성경을 쓴 사람들은 항상 건강하고 행복한 감정을 가진 사람들이 아니었기 때문에 만일 우리가 약간 고난을 당한다면 우리는 그들의 메시지를 더 잘 이해하게 될 것이다.

앞을 내다보기

계획된 설교의 유리한 점들 중의 하나는 당신이 미리 미리 일할 기회를 챙길 수 있다는 것이다. 당신은 한 뭉치의 서류철을 가지고 있으면서, 또는 컴퓨터 안에다 파일들을 저장해 두면서 각각의 서류철에다 메시지 주제와 본문을 붙여 놓은 후 당신이 아이디어를 얻게 될 때마다 그 생각을 파일에다 첨가시킬 수 있다. 당신이 미리 본문들과 주제들을 계획했다고 해서 주께서 개입하셔서 그 시간을 위하여 당신에게 다른 본문에 근거한 예언적인 말씀을 주실 수 없는 것은 아니다. 사실은 그런 개입은 메시지의 중요성으로 당신의 관심을 고취시킬 것이다. 그러나 만일 당신의 설교에 있어서 날이 갈수록 "간섭 받는 것들"이 더욱 더 많아진다면, 그것은 아마도 그 연속 설교가 당신의 가장 큰 장점이 아닐는지 모른다. 변명하지 말라. 교회의 가장 효과적인 설교자들 중에도 연속 설교나 책 한 권을 통째로 석의하는 설교를 한 사람이 몇 되지 않는다. 그들은 하나님께서 그들에게 매주 주시는 메시지를 전하였던 것이다. 이것은 훨씬 더 어려운 접근법이지만 당신은 당신 자신의 은사와 부르심에 성실해야만 한다. 그들이 그랬던 것처럼 말이다.

그러나 우리가 너무 앞서서 계획을 세우면 설교들이 설교자의 생활과 교회의 생활로부터 전적으로 떨어진 단절된 연설이 될 위험성이 있다. 나는 일년 동안 사역할 것을 다 챙겨 가지고 있는 사역자들에 대하여 들은 바 있다. 잘 입관한 후 서류철 속에 매장해 놓은 그들의 설교 개요들은 설교되어지는 날 다시 부활하게 되기를 기다리고 있다. 그러나 새로운 생명을 메시지에 불어넣지 못하는 그 고고학자는 주님께서 흥분되는 새로운 진리들을 말씀하시는 소리를 듣거나 그분께서 신선한 방식으로 일하시는 모습을 보는 그런 회중을 결코 가지지 못할 것이다. 사역 모임에서 나는 30여 번이나 설교를 하였으나, 그 때마다 많은 시간을 기도에 투자하였다. 나는 신선하고 새로운 방식으로 말씀하여 주시사 내가 성경적 박물관에서 여행 안내자가 되지 않게 해 달라고 하나님께 구하였다.

연구 습관들

나는 기본적인 도구들을 항상 가지고 다니므로 본문 안에서 탐구하고 있는 것을 잊어버리기 전에 그것들을 붙들어 둘 수 있게 한다. 만일 내가 책 한 권을 해석하고 있다면, 나는 책상 위 가까이에다 가장 훌륭한 주석들을 가져다 놓으며 연속 설교가 마무리될 때까지 그것들을 도서관 서가에 다시 갖다 놓지 않는다. 당신이 본문 한 곳을 석의할 때 20이나 30가지의 주석을 참고할 필요는 없다. 어느 것이 가장 좋은 주석들인지를 알아 본 후 당신에게 가장 유익이 되는 것들을 사용하도록 하라. 책들은 도구이다. 따라서 도구들이 일꾼의 힘과 기술에 맞춰져야 하듯이, 책들도 연구자에게 맞는 것이 되어야만 한다. 만일 "고전적인" 주석이 당신에게 빛을 주기는커녕 오히려 번거롭게 한다면, 그로 인해 죄의식을 느끼지 않도록 하라. 그것을 제쳐 두고 당신이 "그것에게 충분히 익숙해지도록" 시간을 할애하도록 하라. 책은 당신에게 "내가 아직도 너희에게 이를 것이 많으나 지금은 너희가 감당치 못하리라"(요 16:12)고 속삭일 것이다. 사역의 축복된 부산물들 중의 하나는 성장에 대한 끊임없는 기회이다.

당신이 연구하고 있는 단락에 대하여 자신이 번역할 필요가 있는가? 나는 이 문제에 대하여 이단자이다. 반드시 그렇지는 않다는 것이 내 주장이다. 그러나 당신은 해석에 연관된 핵심 단어들과 본문의 문제들을 세밀히 연구해야 한다. 아주 탁월한 번역들과 언어적 도움들이 오늘날 제공 가능하므로 보통의 학생이라도 본문으로부터 많은 금을 캐어낼 수가 있다. 만일 번역이 당신에게 즐거움을 주고 다른 곳에서 보다 더 잘 투자될 수도 있을 시간을 허비하게 만들지 않는다면, 그 때는 스스로 즐기도록 하라. 그러나 나는 랄프 발도 에머슨(Ralph Waldo Emerson)의 의견에 동의하고 싶은 심정이다. 그는 자신이 원본들을 읽는 것보다는 고전들에 대한 정확한 번역본들을 읽는 것을 선호한다고 시인한 적이 있다. 누군가가 이미 건전한 다리를 세워 두었는데 왜 헤엄쳐서 강을 건너고자 하는가?[4]

그러므로 본문에 대한 다양한 번역본과 의역본을 읽도록 하라. 원래의 언어를 점검해 보고 심각하게 고려해 보라. 그리고 성경이 먼저 당신 자신의 마음에서 사역하도록 허용하라. 당신 자신의 접근법을 개발하기 이전에는 단락에 대한 설교학적 주석들과 설교들을 읽지 말라. 만일 당신이 다른 설교자들의 설교에서 생각들을 취한다면, 그것들의 전거처를 밝혀 두었다가 당신이 인용할 때 누구의 것이라고 말하도록 하라. 만일 그것들이 이미 다른 누군가의 것을 인용한 것이라면, 원전으로 돌아가도록 힘씀으로 그 인용이 정확한 것이 되게 하라.[5] 도용하고자 하는 유혹은 큰 유혹이다. 특히 당신이 모자랄 때는 더더욱 그렇다. 나는 설교 준비와 관련하여 많은 젖소로부터 젖을 짜지만 내가 먹을 버터를 만드는 것은 바로 나 자신이라고 학생들에게 말해 왔다. 그리고 만일 내가 다른 사람들의 크림통으로부터 크림을 약간 따랐다면, 나는 그 공을 그들에게 돌리고자 한다.

메시지의 목표를 결정하기

당신이 읽기와 연구하기에 종사하는 동안, 자신과 주님께 지속적으로 묻도록 하라. 이 단락의 주요 메시지가 무엇인가? 라고 말이다. 불분명한 주제들을 찾아 구하지 말라. 대로로만 걷도록 하며, 우회로들은 설교학적으로 따지는 아테네 사람들에게 맡겨 두라. 그들은 항상 새로운 뭔가를 구하는 사람들이니까 말이다. 우리가 성경에 있는 모든 위대한 주제들을 설교하기에는 인생이 너무 짧다. 그러므로 사소한 문제들을 추구하느라 시간을 낭비하지 말라. 여기에 그 최우선적인 주제를 결정하기 위한 몇 가지 힌트들이 있다.

- 주제적 경계들을 표시하는 듯이 보이는 "경계선 구절들"을 찾으라. 요한복음 14:1과 27절("너희는 마음에 근심하지 말라"), 고린도후서 4:1과 16절("우리가 낙심하지 아니하노니")은 같은 것들이다.
- 반복되는 단어들과 구절들에 유의하라. 이를테면 시편 42-43편에 나오는 "내 영혼아 네가 어찌하여 낙망하느냐?," 이사야 41장에 나오는 "두려워하다," 히브리서에 있는 "보다 나은," 그리고 요한계시록 18장에 나오는 "애곡하다"와 같은 것들이다. 당신의 히브리어 사전들을 참고

하도록 하라.

- 단락 안에 있는 이미지들에 유의하라. 양들의 이미지는 요한복음 10 장에 편만하게 나오며 9장과도 연관이 있는데, 9장은 종교적 지도자들이 버렸으나 선한 목자가 취하여 들인 "양"에 대한 기술(記述)이다. 야고보서 3장에서 여러분은 언어를 올바르게 사용하고 잘못 사용하는 것을 예시하는 혀에 대한 6가지 그림들을 발견하게 될 것이다. 이사야 59장은 비합법적인 거래(14절)를 포함하여 부패한 사회에 대하여 여러 가지 생생한 그림들을 그리고 있다!

- 본문의 "분위기"에 대해 민감하도록 하며 서술이나 신학적인 주장들에 접근하던 방식을 가지고 시문학에 접근하지 않도록 하라. 갈라디아서 1장과 2장은 분명히 자서전적이어서 자신의 메시지와 자신의 사역에 대한 바울의 변호를 묘사하고 있지만, 갈라디아서 3장과 4장은 신학적이어서 은혜로만 구원받는 것에 대한 바울의 주장을 드러내고 있다. 우리는 결혼식에서(그리고 때로는 장례식에서도) 고린도전서 13장을 읽지만 바울이 그것을 쓴 것은 개교회의 사업적 회합에서 읽으라고 한 것이다! 우리는 또한 장례식에서 시편 23편을 읽는데 그것이 분명히 어울리기는 하지만(4절) 이 시편은 내가 죽을 때만이 아니라 "나의 평생에"(6절) 하나님께서 돌보신다는 것에 대해 말하고 있다.

- 신약의 필자들이 구약의 구절, 이미지, 그리고 암시들을 사용하는 방식에게 유의하라. 요한복음 10장의 배경은 분명히 에스겔 34장에다 시편 23편과 100편을 첨가한 것이리라. 하박국 2:4은 로마서 1:17, 갈라디아서 3:11, 그리고 히브리서 10:37-38에서 인용되고 있는데, 그 때마다 이신칭의의 다른 국면이 강조되고 있다.

- 또한 서신서의 저자들이 사복음서에 기록되어 있는 경험들을 언급하는 방식에도 유의하라. 베드로는 그의 두 서신 안에 이런 암시들을 많이 담고 있다. 당신 자신에게 시간을 주라. 본문 안에 푹 잠겼다가 그것을 당신 자신의 마음에게 적용시켜 보라. 당신의 본능적인 감정이 당신에게 올바른 방향으로 지시하도록 맡겨 두라. 기도, 명상, 그리고 정직이 당신을 떠메고 나아갈 것이다.

마지막으로 하나의 제안을 하나 하겠다. 단락을 해석하고 그것을 기록해 두는 동안, 작은 종이 쪽지(5×10cm)들을 사용하되 한 장에 다 한 생각만을 쓰도록 하라. 각 종이에다 주제적 호칭(예를 들면 '불신')을 하나만 쓰고 그 주제가 속한 단락 안의 성경 구절을 쓰도록 하라. 기초 작업이 다 되고 당신이 설교 개요를 개발하는 일로 옮겨갔으면, 책상 위에 있는 노트들을 배열하여 그것들이 속한 곳에 모을 수 있을 것이다. 당신은 많은 것을 사용하게 될 것이며, 몇 개는 후일에 사용하도록 철해 두게 될 것이다. 그리고 몇 개는 쓰레기통에 버려지기도 할 것이다.[6] 이것은 황색 괘선지에다 노트를 한 다음에 그것들을 분리시켜 그것들을 어디다 두어야 하는지를 결정해야 하는 것보다는 훨씬 더 효과적이다. 보다 더 작은 종이 쪽지를 사용하는 것은 훨씬 더 많은 유연성을 제공해 줄 것이다.

메시지의 목표를 분명하고 간결하게 진술하기

설교를 가르치고 설교에 대하여 글을 쓰는 사람들은 설교의 중요한 요소에 대하여 다른 이름들을 사용한다. 그 목표를 분명하고 간결하게 진술한다. 오스틴 펠프스(Austin Phelps)의 책 〈설교의 이론〉(Theory of Preaching) 에 나오는 지도를 따라서, 찰스 콜로(Charles Koller)와 로이드 페리(Lloyd Perry)는 그 목표를 진술하는 중요한 문장을 "명제적 진술"이라고 명명하였다.[7] 해든 로빈슨(Haddon Robinson)은 "큰 개념"에 대해 글을 썼다.[8] 존 헨리 조웨트는 "우리가 그것의 주제를 짧고 함축적이며 수정처럼 맑은 문장으로 표현할 수 있기 전에는" [9] 그 어느 설교도 전달할 준비가 된 것이 아니라고 주장하였다. 당신이 그 어떤 이름을 붙이든 간에, 이 문장은 메시지의 핵심과 진수이다. 아마도 이런 정의가 도움이 될 것이다. 명제는 성경에서 발견되는 무시간적인 진리에 대한 진술이다. 그것은 현재 시제로 되어 있다. 그것은 그 설교의 의도를 선언하며 그것은 설교의 내용을 결정한다. 그리고 아마도 몇몇 예들이 도움이 될 것이다.

> ·성령은 그리스도인들이 성공적으로 증거할 수 있게 해 주신다(행 1:8).
>
> ·기도의 목적은 하나님을 영화롭게 하는 것이다(마 6:9).
>
> ·하나님께서 복주시는 삶의 기쁨들을 생각만 해 보라! (마 5:1-12).
>
> ·우리가 하늘을 향하여 가고 있다는 사실은 언젠가는 우리 삶에서 매일 변화를 가져오고 말 것이다(요 17:24).
>
> ·우리는 결정들을 잊을 수가 있으나 결정들은 우리를 결코 잊지 않을 것이다(갈 6:6-10).
>
> ·하나님의 뜻을 벗어나서 기도를 드리는 것은 위험한 일이다(마 20:20-28).

명제나 목적 진술은 설교의 내용을 통합시킨다. 그러므로 그것은 설교자가 너무 많은 영역을 다루려 하거나 엉뚱한 곳으로 들어가 방황하지 못하게 한다. 그것은 또한 설교의 의도를 분명하게 함으로 듣는 사람들로 하여금 메시지가 어디로 가고 있는지를 알게 한다. 청교도들 중의 몇몇은 이런 어려운 과업을 성취하는 일에 근접하였다고는 하나, 그 어떤 설교도 본문에서 가르쳐지고 있는 것을 모두 포함시킬 수는 없다. 명제는 우리가 연구에 현명하게 집중하고 자료들을 주의하여 선택하도록 돕는다. 둑이 없는 강이 늪지가 되듯이, 분명한 명제가 없는 설교는 아주 많은 말을 하고자 노력하지만 결국은 한 마디도 말하지 못하는 산만한 종교적 연설이 된다. 에머슨이 전하는 말을 들었을 때 누군가 그 연설에 대하여 물어 오자, 제임스 러셀 로웰(James Russell Lowell)은 다음과 같이 말했다. "그 연설이 시작한 곳을 알 수 없으며 그것이 어디서 끝났는지 불분명합니다."라고 했다.[10] 아마도 에머슨은 명제적 진술이 필요했던 것 같다.

그의 독창적인 책 〈설교 구상〉 *(Design for Preaching)* 에서 그래디 데이비스(H. Grady Davis)는 일반화(이것이 바로 명제가 무엇인가 하는 것이다)는 "광범위한 분야의 경험을 단 하나의 진술로 응축시키며 큰 진리를 단 한 번의 눈길로 꿰뚫어 보는 것이다"라는 것을 우리에게 상기시킨다. 그 다음에 그는 "왜냐하면 자료를 조직화시키는 것은 일반화이기 때문이다"라고 첨언하였다.[11] 그 진술들은 반복해서 읽고 숙고해 보아야 한다.

명제는 설교에 관한 진술이 아니다. 그것은 하나님과 인간 생활에 관한 진술이다. 그것은 듣는 사람들이 그것을 파악할 수 있을 만큼 구체적이어야 하며 그들이 그 얘기를 계속 듣고자 할 만큼 흥미로워야만 한다. 그리고 그것은 생명과 기대로 충만하여 그들이 그것을 그대로 떠나 보낼 수 없어야만 한다. 사람들이 사는 곳에서 그들을 감동시키며, 설교 안에서 펼쳐질 때 그것은 사람들로 하여금 보고 생각하고 느끼고 순종하기 원하도록 만들어야 한다. 그 목적 진술을 세련되게 만드는 것은 어려운 작업이지만 극히 중요한 것이기도 하다. 적어도 세 요소가 명제의 개발에 관련된다. 그것은 본문에 기초한 진리, 교회의 필요들, 그리고 우리 마음 속에 있는 압박감이다. 우리는 성경의 일부에 대하여만 설교를 하는 것이 아니다. 우리는 교회 가족의 필요들을 집합적으로 충족시키고자 애쓰며 가족 식구들의 필요들을 개인적으로 충족시키고자 애를 쓰고 있다. 어느 설교자이건 거의 모든 단락에 관하여 용인 가능한 개요를 만들며 그것으로부터 설교할 수가 있다. 그러나 그것은 "설교화"가 될 뿐 하나님의 말씀에 대한 진실한 석의가 되지 않을 수가 있다. 불행하게도, 한 개요가 메시지가 아닌 것은 조리법이 식사가 아니며 청사진이 건물이 아닌 것과 같다. 그러므로 명제적 진술은 진리뿐 아니라 삶에도 연계되어 있다.

그러므로 본문을 연구할 때, 교인들과 당신 자신의 마음을 살필 시간을 내도록 하며 성령께 이런 요소들을 함께 규합하여 당신이 본문의 진리를 표현해 줄 한 명제를 표현할 수 있게 해 달라고 구하라. 이 일은 사람들의 필요들을 충족시킬 설교로 인도할 수가 있다. 만일 당신이 연구에서 밀린 일을 다 마치고 사람들과 더불어 하는 당신의 목회적 일을 마쳤다면, 성령은 실제적인 뭔가를 가지고 함께 일하실 것이며 당신을 실망시키지 않으실 것이다.

메시지 개요를 개발하기

메시지 개요의 개발은 본문과 명제의 연합으로부터 생겨난다. 만일 명제가 당연히 되어야 할 것이 되었다면, 그것은 메시지가 어떻게 개발될 것인지를 결정할 "설교학적 DNA(유전인자)"를 담게 될 것이다. 낯익은 단락을 고찰해 보자. 요한일서 5:5-10이다.

> "예수께서 하나님의 아들이심을 믿는 자가 아니면 세상을 이기는 자가 누구뇨 이는 물과 피로 임하신 자니 곧 예수 그리스도시라 물로만 아니요 물과 피로 임하셨고 증거하는 이는 성령이시니 성령은 진리니라 증거하는 이가 셋이니 성령과 물과 피라 또한 이 셋이 합하여 하나이니라 만일 우리가 사람들의 증거를 받을진대 하나님의 증거는 더욱 크도다 하나님의 증거는 이것이니 그 아들에 관하여 증거하신 것이니라 하나님의 아들을 믿는 자는 자기 안에 증거가 있고 하나님을 믿지 아니하는 자는 하나님을 거짓말 하는 자로 만드나니 이는 하나님께서 그 아들에 관하여 증거하신 증거를 믿지 아니하였음이라."

이 단락을 피상적으로 읽기만 해도 만일 하나님의 백성이 하나님과 교제하기를 원할 경우 그들이 피해야만 하는 세 가지 사기들이 있음을 알게 된다.

> 1. 다른 사람을 속이려고 애쓰는 것(요일1:6).
> 2. 우리 자신을 속이려고 애쓰는 것(요일1:8).
> 3. 하나님을 속이려고 애쓰는 것(요일1:10).

만일 이 접근법이 약간 부정적이라면, 이것을 긍정적인 시각에서 바라보라. 만일 우리가 그리스도인다운 인격을, 그리고 하나님과의 교제를 배양하고자 한다면, 우리가 충족시켜야만 하는 네 가지 조건들이 있다.

1. 우리는 하나님의 거룩성을 인식해야만 한다(요일1:5).
2. 우리는 하나님의 백성들에게 정직하게 대해야만 한다(요일1:6 -7).
3. 우리는 우리 자신에게 정직해야만 한다(요일1:8).
4. 우리는 하나님께 정직해야만 한다(요일1:9 -10).

이텔릭체로 된 단어들은 우리가 "핵심 단어들"이라고 부르는 것들이다. 그것들은 메시지 개발과 관련된 주안점들 각각을 묘사한다. 첫 번째 개요에서, 각각의 내용은 사기의 한 형태이다. 두 번째 개요에서, 각각의 내용은 우리가 충족시켜야만 하는 조건이다. 그 내용들은 평행적이어서 함께 속해 있다. 그것은 사람들로 하여금 메시지를 따르게 하고 본문을 이해할 수 있게 하고 그것을 적용할 수 있게 하는 접근법이다. 당신이 핵심 단어를 바꿀 때, 당신은 메시지의 접근법을 바꾸는 것이다. 예를 들면, 명제는 이렇게 될 수가 있다. 우리가 마치 우리 하나님이 거룩한 하나님이 아니신 것처럼 살기 시작할 때, 우리는 파멸을 향한 첫 걸음을 내딛는 것이다. 요한은 이 서글픈 경험에서의 단계들을 다음과 같이 묘사한다.

> 1. 우리는 다른 사람들에게 거짓말하기 시작한다(요일 1:6).
>
> 2. 우리는 우리 자신에게 거짓말하기 시작한다(요일 1:8).
>
> 3. 우리는 하나님께 거짓말하기 시작한다(요일 1:10).

요한은 또한 이 각각의 단계들에서 신자는 어떤 무시무시한 손실들을 초래하게 된다는 점을 지적한다.

> 1. 진리가 더 이상 우리를 제어하지 못한다(요일 1:6).
>
> 2. 진리가 더 이상 우리 안에 있지 않다(요일 1:8).
>
> 3. 진리가 더 이상 우리 안에서 환영을 받지 못한다(요일 1:10).

만일 당신이 명제의 의도를 바꾼다면, 당신은 아마도 핵심 단어도 바꾸어야만 할 것이다. 기억하라. 핵심 단어는 항상 명사이며 항상 복수로 되어 있다. 그것이 메시지의 주요 내용들의 특성을 나타내므로, 핵심 단어는 구체적이고 간결하고 정확해야만 한다. 비록 바울이 사물들이란 말을 자주 사용하기는 했지만(로마서 8장과 빌립보서 3장을 보라), 그것은 오늘날의 설교자를 위해서는 좋은 핵심 단어가 아니다. 왜냐하면 그것은 너무 광의적인 말이기 때문이다. "바울이 기도에 관하여 우리에게 여러 가지를 말한다"와 같은 명제는 많은 흥미를 자아내지 못할 것이다. "만일 당신이 기도의 사람이 되기로 작정하였다면, 그것은 당신의 삶을 근본적으로 변화시킬 것이다"가 훨씬 더 예리한 표현일 것이다. 당신의 핵심 단어는 "방법들"이나 "변화들"이나 "변경들"이 될 수 있을 것이다.

유의해서 사용할 필요가 있는 또 다른 핵심 단어는 "이유들"인데, 이는 그것이 좋은 단어가 아니기 때문이 아니라 그것이 회중에게 공표하는 것이기 때문이다. "나는 당신과 논쟁하고자 합니다. 그러므로 준비를 하십시오!" 헬포드 럭코크(Halford Luccock)는 그의 예일 신학교 학생들에게 다음과 같이 상기시키곤 하였다. "사람들은 이유들을 듣기 위하여 교회로 오는 게 아니다. 그들은 비전들을 보기 위하여 온다."

당신은 훌륭한 사전(辭典)을 가지고 있어야 하며 동의어들의 책을 가지고 있어야 한다. 그러나 당신의 가장 좋은 도구는 믿을 만한 동의어 사전이 될 것이다. 그 사전은 당신에게 단어들의 정의를 제공하고 그것들을 구분시키는 의미의 미세한 차이점들을 설명해 줄 것이다.[12] 예를 들면, "resultser"와 "consequences" 사이에는 차이가 있다. 이 단어들은 상호 교환적으로 쓰여서는 안 된다. 마크 트웨인은 올바른 단어와 거의 올바른 단어 사이의 차이는 번개와 반딧불벌레 사이의 차이와 같다고 말했다. 현명한 설교자는 단어들을 연구하는 사람이 되고자 애쓸 것이다. 그리고 보석 세공인이 보석을 다루고 의사들이 의료 기구들을 다루듯이 단어들을 사용할 것이다. 대부분의 좋은 사전들은 동의어들과 반의어들을 수록하고 있는데, 설교자는 가장 좋은 언어적 도구들을 소장하며 사용하고 싶어할 것이다. 우리가 사용하는 단어들의 가치를 알고 그것들을 존경심을 가지고 다루는 것은 중요하다.

설교에 대한 명제적 접근법은 분명한 개요들에 이바지할 것이나, 만일 우리가 유의하지 않는다면 그것은 기계적인 설교 준비로 인도하며 결과적으로 예측 가능한 메시지들을 낳게 될 것이다. 신참내기 설교자는 신참내기 음악가처럼 규칙들을 따르고 기초 원리들을 배워야만 한다. 규칙들이 먼저 당신을 깨뜨리지 않는 한 당신은 그것들을 깨뜨려서는 안 된다. 그러나 명제는 항상 긍정적인 표현이 될 필요는 없다(예수님은 우리 믿음을 증진시키기 원하신다). 그것은 질문(우리 교회들은 오늘날 다른 그 어떤 것으로 인해 알려지게 될 수 있을 것인가, 교회들은 그들의 위대한 믿음으로 인해 알려져 있는가?)이나 심지어는 감탄(만일 우리가 진실로 하나님께 대한 믿음을 활용한다면, 우리 가족들, 우리 지역, 그리고 이 교회에 무슨 일이 발생할 수 있는지를 생각해 보라!)이 될 수도 있다. 권고적인 명제(계속해서 기도하시오!)가 될 수도 있다. 연구와 경험은 사역자가 명제를 구성하기 위해 필요한 종류의 통찰력을 개발하는 일을 도울 것이다.

관심을 끌고 유지하기

우리는 설교를 시작할 때 세 가지 목표를 염두에 두고 있다. 그것은 우리 청취자들의 관심을 얻는 것이다. 그들에게 설교가 의도하고 있는 바를 말하는 것, 만일 그들이 듣는다면 그것은 유익이 될 것임을 확신시키는 것이다. 효과적인 서론을 준비하는 것은 진실로 도전이 되는 일이다. 주님의 도우심과 거룩해진 상상력을 활용함으로 그것은 이루어질 수가 있다.

무디는 설교를 다음과 같은 말로 연 적이 있다. "나는 영어에 복음이라는 단어만큼 이해되지 못하는 단어도 거의 없을 것이라고 생각합니다." 월러스 해밀턴(J. Wallace Hamilton)은 메시지를 다음과 같은 말로 시작하였다. "기계 시대의 많은 부산물들 중에서 현저한 것은 기계 수리공의 위치의 상승입니다. 우리 통상적인 사람들은 거의 전적으로 그의 처분만 바라고 있습니다."그 다음에 그는 예레미야 18:4(흠정역)을 가지고 설교하였다. "그리하여 그가 그것을 다시 만들더라." 스터딧 – 케네디(G.A.Studdert – Kennedy)는 예수 승천일 메시지를 다음과 같은 말로 열었다. "그분은 하늘로 올라가셨습니다. 그렇지요? 하늘이 어딥니까? 하늘이 무엇입니까? 그것은 궁궐입니까? 우리는 그것이 무엇이며 그것이 어디 있는지를 알 수 있습니까?"

이 세 가지 예들은 서론에 대한 최우선적인 규칙을 소개하고 있다. 강단이 신속히 가동할 수 있도록 계획하라. 최초의 문장을 고안하되 그것이 회중의 관심을 다잡아서 계속 유지시킬 수 있도록 하라. 격식이 없고 계획이 없고 조리가 서지 않는 서론으로 시작하기에는 너무나 시간이 없다. "자 만일 여러분이 3주 전에 출석하였다면 여러분은 그 때 내가 이 연속 설교를 시작하였다는 것을 알 수 있을 것이며 아마도 …를 회상할 수 있을 것입니다" 또는 "자 만일 여러분이 성경을 가지고 요한계시록 바로 전에 있는 유다서를 편다면…" 설교자들은 대왕의 전령들이므로 서론에서 빈둥거릴 여유가 없다. 만일 당신이 날씨나 지역적인 사건들에 대하여 뭔가를 얘기하기 원한다면, 다른 때 그렇게 하라. 수년 동안 라디오 사역의 경험을 가지고 있다 보니

나는 그 첫 몇몇 문장들이 사람들로 하여금 귀를 기울이게 하는 데 중요하다는 것을 배우게 되었다. 비록 그들이 좌석에 앉아서 우리를 쳐다보고 있지만, 그들은 매우 신속하게 우리로부터 귀를 막을 수가 있다.

설교들이 본문에 대한 배경과 몇 가지의 해석학적 문제들과 다른 설교자들이 그 단락에 대하여 말한 것을 담은 긴 서론을 가지고 있기를 교인들이 기대하던 때가 있었다. 그런 서론들은 회중에게 그들의 목사가 자신의 숙제를 해결하였다는 확신을 주기는 하였지만, 이제는 그런 시대가 영원히 사라졌다. 과거의 자료를 음미하는 길고 현학적인 서론들은 성경 시간이나 강의실에서는 좋지만, 강단에 서서 삼십 분 동안에 죽은 자들을 일으켜야 하는 사역자들에게는 맞지 않다. 우리는 즉석 음식, 요약된 정보, 간결 명쾌한 선전 문구의 시대에 살고 있다. 그러므로 우리가 강단에서 일찍 일에 착수하면 할수록, 그 사업은 더 성공적이 될 것이다. 만일 당신이 전의 설교들에서 제시된 자료에 대해 언급해야만 한다면, 그것이 마치 새로운 것인 양 설교의 본론에서 그 일을 하도록 하라. 만일 당신이 '기억하다'라는 단어를 사용한다면, 그것을 기억하지 못하거나 그것을 듣지 못한 사람들은 우선 당혹하게 될 것이며 기억하는 사람들은 교만한 마음을 가지게 될 수가 있다. 어느 경우든 당신은 유익보다는 해를 당하게 될 것이다.

당신의 올바른 두뇌를 가동시키며, 본문과 명제를 숙고하며 설교를 전개할 가장 좋은 길이 무엇인지를 상상해 보라. 요한복음 1:5-10의 첫 줄을 고찰하고 사기에 대해서 생각해 보자. 그것이 제단에서 한 결혼 서약이든지 아니면 정치적 집회에서 한 유세 약속이든지 간에, 진리는 사회를 뭉뚱그리게 하는 접합제이다. 부드럽게 말하는 전과자 장인(匠人)들이 나이 많은 사람들에게서 그들의 저축한 돈을 빼앗고 있으며, 온갖 종류의 사취(詐取)가 난무하다. 정부와 교회 내에서는 순결성을 애타게 찾고 있으나, 많은 시민들은 공무원의 일과 그의 인격 사이에는 전혀 관련이 없다고 믿는다 – 또는 관련이 적다고 믿는다.

당신의 마음에 떠오르는 구절들과 인용문들을 적어 보라. "제 11 계명을 기억하라. 너는 붙잡히지 말지니라." 오스카 와일드(Oscar Wilde)의 소설 〈도리안 그레이〉의 그림을 기억하라. 그것은 여전히 젊고 멋지게 생겼으나 그의 감춰진 초상화는 그가 죄를 지면 질수록 더 추해지는 한 사악한 사람의 이야기이다. 한 영국 속담은 이렇게 말한다. 깨끗한 장갑은 더러운 손을 가리운다. 솔로몬은 이렇게 썼다. "자기의 죄를 숨기는 자는 형통치 못하리라"(잠 28:13). 당신은 틀림없이 거짓말로 인한 어떤 뼈아픈 경험을 하였을 것이다.

여기에 접근법 하나가 있다. "우리 모두는 평화스러운 공동체와 안전한 환경 안에서 살기를 원한다. 무엇이 이것을 가능하게 하는가? 좋은 법들은 중요하며 그런 법들의 선한 시행도 그러하다. 그러나 성경에 따르면, 일들 – 우정, 가족, 교회, 공동체, 그리고 심지어는 나라들도 – 을 함께 묶는 접합제는 진리이다. 만일 그것이 정확한 분석이라면 – 나는 그러리라고 믿는다 – 사기는 우리가 지금까지 겪을 수 있는 것 중에서 가장 위험한 병원체이다."

이 말을 더 다듬어 보자. "사회를 함께 묶는 접합제는 무엇인가 –

우리의 우정들, 가족들, 이웃들, 교회들, 공동체들, 그리고 심지어는 나라들을 함께 묶는 접합제는 무엇인가? 대답은 당신에게 충격을 줄는지 모른다. 그것은 진리이다. 그렇다. 진리이다. 그런데 우리가 오늘의 세상에서 접할 수 있는 가장 위험한 병원체는 사기(詐欺)이다."

가끔 사람들의 이목을 끄는 인용문이 그들의 관심을 사로잡을 것이다. "당신이 학교에 다닐 때쯤인가, 당신은 월터 스코트 경으로부터 두 줄의 시를 배워야 했을 것이다. '우리가 최초로 사기 치기를 연습할 때 / 오 우리가 짜는 피륙은 얼마나 뒤엉킨 것인지.' 또 다른 작가는 이렇게 첨언하였다. '그러나 우리가 오랫동안 연습을 하고 나면 /우리는 우리의 스타일을 얼마나 광대하게 진척시키게 되는지!' 성취한 위선자는 우리 주변에 있는 위험한 사람이지만, 사람들은 그런 위험한 방향으로 나아가면서도 그것을 깨닫지 못한다."

수년 동안 설교해 오면서 내가 지금까지 받았던 것 중에서 가장 위대한 격려들 중의 하나는 10살 가량 먹은 한 소년으로부터 주어졌다. 그는 예배를 파한 후에 나에게 다가와서 나를 올려다보면서 말하였다. "저는 목사님이 말씀하신 것을 하나도 빼놓지 않고 다 알아들었어요." 그것은 퓰리처 상을 받은 것보다 더 감격적이었다. 우리는 이해가 되게 하기 위하여 설교를 한다. 그러기 위해서는 분명하게 생각하기, 주의 깊게 준비하기, 그리고 조직이 필요하다. 그리고 사람들로 하여금 듣기 원하도록 만드는 그런 전달법이 포함된다.

제6장

우리는 변화를 가져오기 위하여 설교한다.

설교자는 말해야 할 것을 주의하여 준비해야 한다.
왜냐하면 설교의 목표는 종교적인 교육만을 제공하는 것이 아니라
영적인 변화를 초래하는 것이기 때문이다.

6장
우리는 변화를 가져오기 위하여 설교한다.

We Preach
to Effect Change

"너희는 마음을 새롭게 함으로 변화를 받으라"

(롬 12:2).

"관심사는 정의(定義)에 도달하고 책을 덮는 것이 아니라 경험에 도달하는 것이다."[1] 이 진술은 시를 읽는 것에 관하여 되어졌던 것이지만 설교를 듣는 데도 적용된다. 왜 그런가? 설교를 하는 데서 우리의 목표는 종교적인 교육만을 제공하는 것이 아니라 영적인 변형을 초래하는 것이기 때문이다. 사람들이 설교에 귀를 기울일 때, 우리는 그들이 말씀을 통하여 하나님을 경험하게 되고 그분의 영에게 자유를 주어서 그들이 보다 더 예수 그리스도를 닮게 되며 그들이 변화하기를 원한다. 우리는 행동에서의 변화만을 위해서가 아니라 인격에서의 변화를 위해서도 기도한다.

선지자 요나는 결국 주님께 순종하였다. 그러나 그가 마음의 변화를 경험하였기 때문에 순종한 것은 아니었다. 니느웨 사람들이 회개한 이후에도, 요나는 여전히 그들을 멸시하였으며 주님께서 그들을 파멸시켜 주시기를 원하였다. 이것은 우리에게 단순히 하나님의 뜻을 아는 것이나 심지어는 그분의 뜻을 행하는 것만으로도 충분하지 않다는 것을 상기시킨다. 우리는 "마음으로부터 하나님의 뜻을 행하여야"(엡 6:6, NASB)만 한다. 그것이 찰스 시므온이 자신이 한 설교들에 대하여 세 가지 질문을 했던 이유이다. "그것이 죄인을 겸비하게 만들었는가? 그것이 구세주를 높였는가? 그것이 거룩성을 증진시켰는가?" [2] 모든 신실한 말씀 사역자들처럼, 그는 하나님의 은혜를 통해 마음과 생활이 변화되는 모습 보기를 열망하였다.

이 말이 매주 격려가 될 수는 있겠으나, 우리가 우리 설교를 듣고 우리를 칭찬하는 감지력 있는 청취자들을 섬기는 것으로 만족한다는 것은 너무도 안일한 것이다. 프랜시스 드 살레(Francis de Sales)는 이렇게 말했다. "설교자의 가치에 대한 나의 시험은 그의 회중이 헤어질 때 '매우 아름다운 설교였습니다.' 라고 말할 때가 아니라 '나는 이제 뭔가를 해야 겠습니다.' 고 말할 때이다." [3] 주님은 에스겔 선지자에게 말씀하셨다. "백성이 모이는 것같이 네게 나아오며 내 백성처럼 네 앞에 앉아서 네 말을 들으나 그대로 행치 아니하니 이는 그 입으로는 사랑을 나타내어도 마음은 이욕을 좇음이라"(겔 33:31). 청교도 설교자인 토마스 구드윈(Thomas Goodwin)은 "가룟 유다는 그리스도의 설교를 몽땅 다 들은 사람이었다"라고 말하였는데, 이것은 참으로 숙연케 하는 통찰이다.

어떤 종류의 변화들인가?

변화를 가져오고자 설교하는 중에, 우리는 우발적 사건들이나 비본질적인 것들이 아니라 본질적인 것들을 다루기 위해서 유의해야만 한다. 청지기 설교는 사람들로 하여금 보다 더 활수(滑手)한 사람이 되도록 만들어야 한다 – 그들이 원하지 않는데도 불구하고 단순히 돈을 더 많이 내게 하는 것만으로는 안 된다. 제자화에 대한 도전은 그분의 경이와 아름다움 가운데 계시는 주님을 크게 드러냄으로 사람들이 그분을 따르고 싶은 마음을 갖도록 해야 한다. 사람들이 그들의 계획표들을 바꾸고 더 많이 기도하게 되든 아니든 간에, 그들이 수줍음을 잃어버리고 보다 더 많이 간증하거나 아니거나 간에, 성인인 그들의 장난감들을 포기하고 보다 더 많이 봉사하거나 안 하거나 간에, 항상 그 동기 부여는 예수 그리스도가 되어야지 설교자의 능란한 말솜씨가 되어서는 안 된다.

바울은 고린도전서 3장에서 교회에 대한 세 가지 그림들을 우리에게 제공하고 있는데 그것들은 하나님께서 그분의 말씀을 통하여 삶 속에서 이루고 싶어하시는 변화들을 우리가 더 잘 이해하도록 돕는다.[4]

유아기로부터 성인에 이르기까지(고전 3:1-4)

교회는 한 가족인데 모든 가족의 목표는 성장이다. 너무 자식을 사랑하는 조부모들이 어떤 말을 하든지 간에, 그 누구도 어린 아이가 어린 아이로 머물러 있는 것을 원하지 않을 것이다. 우리는 자녀들이 장성하여 책임 있는 성인들이 되기를 원한다. 그리하여 자녀들은 성인의 축복들과 짐들을 받아들이며 현명하게 사용할 수 있게 될 것이다. 자녀들을 사랑하고 그들을 보호하고 그들을 훈련시키고 그들을 도와 성장시키는 것은 가족의 목적이다. 그리고 영적 세계 안에서도, 그것은 교회의 목적들 중의 하나가 된다.

고린도교회에 있던 고충의 기본적인 원인중 한 가지는 몇몇 사람들의 영적 미숙이었다. 버릇없이 자란 어린 아이들처럼, 중요한 사람으로 대접받기를 원하는 사람들이 있었다. 그리하여 그들은 자기 자신을 "위대한 사람들"로 간주하였으며 팬클럽(fan club) 심성을 개발시켜 가지고 있었다. 또 다른 사람들은 그들의 영적인 은사들을 과시함으로써 관심을 끌었다. 그리고 또 다른 사람들은 그들의 자유를 주장하는 한편 하나님의 사도의 권위에 항거함으로써 그렇게 하였다. 견고한 영적 음식에 대한 식욕을 개발하기는커녕 그들은 "아기 음식"에게 의존하여 살았다. 그리고 교회의 덕을 세우고자 애쓰기는커녕, 그들은 자기 자신을 높이고 있었다. 그 모든 고린도교회의 문제는 성숙하면 풀리는 것들이었다.

신실한 말씀의 사역자는 영적인 성장을 장려한다. 하나님의 자녀들이 필요한 것은 자양분인데, 그것은 성숙한 신자들의 특징이 되는 훈련과 연습을 통해 이루어진다. 바울은 고린도전서 13장을 썼을 때 이 성숙이 무엇처럼 보이는지에 대하여 대부분의 내용을 요약하였다. 이 13장은 교회 식구들이 반드시 읽어야 하며 종종 깊이 생각해야 하는 장이다.

깡마름으로부터 열매 풍성함으로 (고전 3:5-9상)

개교회는 또한 밭인데, 밭의 목적은 수확이다. 각각의 신자는 하나님의 밭에서 일할 일터를 가지고 있다. 어떤 이들은 씨를 뿌리고, 어떤 이들은 물을 주며, 또 어떤 이들은 수확을 거두어들인다. 그러나 하나님만이 사물들을 자라게 하실 수 있다. 그분은 임무를 부여하시며 그분이 원하시는 곳에다 우리를 두시며 우리가 같이 일할 사람들을 우리에게 보내 주신다. 당신이 열심히 일하지 않고 협동하지 않으면 수확과 하나님의 복을 얻을 수 없다. 그런데 당신의 목표는 양(quantity)이다.

성숙해 가는 하나님의 자녀의 특징은 어떤 종류의 "열매"인가? 분명히 갈라디아서 5:22-23에 기술된 성령의 열매는 하나님을 영화롭게 하는 기독교인의 인격을 나타낸다. 열매가 맺히는 데는 시간이 걸리므로 설교자는 조바심을 가져서는 안 된다. "우리가 선을 행하되 낙심하지 말지니 피곤하지 아니하면 때가 이르매 거두리라"(갈 6:9)고 말씀하고 있기 때문이다. 그리고 우리는 우리가 홀로 애쓰고 있지 않다는 것을 염두에 둘 필요가 있다. 왜냐하면 다른 사람들도 밭에서 일을 하고 있으며 수확을 촉진시키고 있기 때문이다(요 4:38).

다른 영적 열매에는 길 잃은 사람들을 그리스도께로 인도하는 일(요 4:35-38), 신령한 사역 가운데서 서로를 격려하는 것(롬 1:11-13), 거룩한 삶(롬 6:22), 물질적인 부요를 나누는 것(롬 15:25-28), 하나님께서 우리에게 맡겨 주신 일을 하는 것(골 1:10), 그리고 "그 이름을 증거하는 입술"로 주님을 찬양하는 일(히 13:15)들이 포함된다. 이 모든 것은 사람들이 하나님의 말씀을 듣고 받으며 하나님께서 말씀하시는 바를 순종할 때 생기는 "성령의 추수"이다.

세상의 지혜로부터 하나님의 지혜로(고전 3:9하-23)

개교회는 가족이며 밭이다. 그러나 그것은 또한 건물이다. 그리고 우리와 회중이 주님을 섬길 때, 우리는 언젠가는 불로 시험을 받게 될 신령한 성전을 건축해 가고 있는 것이다.[5] 만일 우리가 우리 일이 지속되기를 원한다면, 우리는 올바른 기초인 예수 그리스도 위에다 건축을 해야만 한다(10-11절). 우리는 올바른 재료를 사용하여야 한다(12-17절). 우리는 올바른 계획을 좇아야 한다(18-20절). 그리고 우리는 매사를 올바른 동기에서 즉 하나님께 영광 돌리기 위해서 하여야만 한다(21-23절). 개교회를 세우는 일의 목표는 질이다. 즉 그리스도의 심판대 앞에서 불시험을 이기는 공력인 것이다.

예수 그리스도 위에 건축한다는 것은 교회가 존재하고 교회가 일하는 모든 것은 직접 그리스도와 관련되어 있다는 것을 의미한다. 예산을 짜는 일로부터 회중과 찬양을 위한 찬송을 선택하는 일에 이르기까지 말이다. 만일 당신이 그 일이 지속되기를 원한다면, 당신은 교회를 설교자나, 자기가 좋아하는 교리나, 또는 교파적인 계획 위에다 건축하지 말라. 당신은 그것을 예수 그리스도 위에다 건축하라. 그리고 만일 당신이 그 일이 지속되어지기를 원한다면, 당신은 올바른 재료로 건축하라. 즉 하나님의 말씀 가운데서 발견되는 하나님의 지혜 위에다 하라는 말이다. 이것은 바울이 언급한 "금, 은, 보석들"에 의하여 대표된다(12절; 잠 2:1-6; 3:13-15; 8:10-11을 보라). 고린도에 있는 교회는 사람의 지혜 즉 당시의 철학들에 의하여 감염되어 있었으며 성경에서 가르치는 하나님의 지혜를 무시하고 있었다. 사람의 지혜는 "나무, 풀, 또는 짚"과 같다(고전 3:12). 그것은 표면적인 것이요 영속적인 것이 되지 못하며 어느 날엔가는 파괴될 것이다. 하나님의 지혜는 금, 은, 보석과 같다. 당신은 성경에서 그것을 캐내야만 한다. 그것은 아름답고 가치가 있으며 또 그것은 불의 시험을 이기게 될 것이다. 이것은 군중을 끌어 모으는 경박한 주제들에 관하여 간교하게 설교하는, 그러나 교회들을 세우지 못하는 사람들에게 엄숙한 경고가 된다.

사람들이 영적으로 성숙해감에 따라, 그들은 분별력을 갖게 되며 그들의 교회를 위하여 세상을 모방하지 않는다. 또한 세상적인 사람들을 매혹하는 것이 아니라 하나님을 기쁘시게 하는 것을 원하게 된다. 교회는 세상에 영향을 주기 위하여 세상을 모방할 필요는 없다. 바울은 이 장에서 분명하게 말한다. 즉, 성령께서 일하실 때는 개교회 안에서 성숙도, 양, 질 사이에서 전혀 분쟁이 없다고 바울은 말한다. 왜냐하면 우리는 예수 그리스도를 기쁘시게 하고 그분을 영화롭게 하기 위하여 건축을 하는 중이기 때문이다. 성숙이 있는 곳에는, 양이 있게 되어 있다. 제자화는 봉사로 인도하며 봉사는 결국 열매를 산출하게 된다.

변화의 도구

교회 역사를 잠깐 회고해 보는 것이 성령께서 어떻게 말씀을 사용하셔서 인생들을 변화시키시는지를 우리가 보다 더 잘 이해하는 일에 도움이 될 것이다. 바울은 이방인 교회들로 하여금 율법을 버리며 심지어는 율법을 어기라고까지 권면한다는 비난을 받았는데 그것은 잘못된 평이었다(롬 3:8; 6:1; 행 21:27-28). 율법주의자들이 고린도교회에 침투하였을 때, 바울은 신자들에게 율법과 은혜에 대한 기본적인 신학을 상기시키는 것이 필요하다는 것을 발견하였다. 영적 변화를 위한 도구들은 하나님을 예배하는 사람들 가운데서 성령께서 사용하시는 하나님의 말씀과 기도, 교제, 그리고 사람들을 섬기는 일이다. 고린도후서 3장에서, [6] 바울은 자신의 은혜의 사역을 묘사하였으며 그것을 율법의 사역과 비교하였다. 그리고 그는 세 가지의 생생한 예증들을 사용하여, 우리가 성령의 권능으로 하나님의 은혜의 말씀을 전할 때 성령께서 하시는 일을 설명하였다.

편지 쓰기(1-6절)

시내산에서 하나님은 돌판들 위에다 율법을 쓰셨으나 오순절 이후로 그분은 그분의 말씀을 그분의 사람들의 마음에다 쓰신다. 영적 변형은 안으로부터, 마음으로부터 온다. [7] 만일 우리가 성령의 권능으로 말씀을 전파한다면, 성령은 그 말씀을 믿음으로 귀를 기울이는 사람들의 마음에다 기록하실 것이다. 그리하여 그것은 그들의 인격과 행동을 변화시킬 것이다. 우리 중에는 가장 가까운 병원으로 가서 자원하여 심장 수술을 받고 싶어하는 사람들이 많지 않을 것이다. 그러나 인간의 마음에다 말씀을 기록하는 것은 그보다 한층 더 중대한 일이다. 왜냐하면 그것은 영구적인 결과를 가져오기 때문이다. 바울이 "누가 이것을 감당하리요?"(고후 2:16)라고 물은 것도 무리는 아니다. 우리가 성령의 권능 안에서 전파하므로, 말씀은 마음 안에서 받아들여진다. 그렇게 하지 않는다면, 아무 것도 변화되지 않을 것이다.

실제적으로, 여기에 관련된 "마음의 편지들"에는 세 가지가 있다. 첫째, 고린도교회의 성도들은 그들에 대한 바울의 사랑 때문에 그의 마음에 쓰여 있었다. 둘째, 성령은 민감하게 반응하는 신자들의 마음에다 말씀을 쓰고 계셨다. 셋째, 교회는 그 사역과 사역에서 중생하지 않은 세상 사람들이 읽을 편지를 쓰고 있었다. 만일 목회자가 사람들을 사랑하고 사람들이 말씀을 사랑한다면, 그 때는 교회가 그리스도를 위하여 세상에게 영향을 줄 "편지를 쓰게" 될 것이다.

수건을 벗기(7-16절)

율법의 사역이 영광과 관련되어 있었지만, 그것은 영속적인 영광은 아니었다. 시내산에서의 극적인 사건은 추억이 되었으며, 모세의 얼굴에 있는 영광도 사라지게 되었다. 모세가 사람들과 함께 이야기할 때 그는 수건을 씀으로 그들이 그 영광이 사라지는 것을 보지 못하게 해야 했다. 왜냐하면 결국은 자신의 영광을 잃을 지도자를 따르고자 원하는 사람은 없기 때문이다. 그러나 하나님의 은혜와 연관된 그 영광은 점점 더 증가되어서(항상 증가하는 영광과 함께) 마침내 언젠가는 하나님의 사람들이 영원 속으로 들어가 그리스도의 영광을 쳐다볼 뿐만 아니라 그것을 공유하게 되기도 할 그런 영광이다(요 17:22-24). 우리는 감출 것이 하나도 없으며 변장할 필요도 없다.[8]

거울을 들여다보기(17-18절)

율법의 사역은 사망의 사역이나(6-7절), 은혜의 사역은 생명의 사역이다. 옛 언약의 유대인이 십계명을 쳐다보았을 때, 그것들은 그에게 그의 실패들을 상기시켜 주었지만, 신자들이 하나님의 말씀을 들여다볼 때는 그들은 하나님의 아들을 보게 되며 그분께서 그들에게 어떤 존재가 되는가에 대한 모든 것과 그분께서 그들을 위하여 행하신 모든 것을 보게 된다.[9] 그들이 말씀을 믿고 거기에 순종할 때, 그 말씀은 생명을 부여해 주며 그들로 하여금 보다 더 예수 그리스도를 닮을 수 있게 만든다(18절).

다른 말로 하면, 성경이 신의 능력 안에서 전파될 때, 사람들은 자신들의 마음 위에 사랑스럽게 쓰여진 말씀을 가지게 될 것이며, 그들은 가면을 벗고 하나님의 영광을 반사하게 될 것이다. 그들은 그분의 말씀 가운데서 그리스도를 응시하게 될 것이며, 변화되어 그분을 닮게 될 것이다. 이것들은 하나님의 백성들이 회집하며 주님을 예배하며 믿는 마음으로 그분의 은혜스런 진리를 들을 때마다 일어날 수 있는 기적들이다. 그것은 성경으로부터 보다 더 많은 정보를 모으는 것 이상의 일이다. 그것은 하나님과 그분의 변형시키는 능력을 경험하는 것이다.

상호 사역

이런 종류의 사역은 말씀을 전할 준비가 영적으로 되어 있는 설교자와 그 말씀을 들을 준비가 영적으로 되어 있는 회중을 요구한다. 흉부외과 의사치고 준비 없이 수술실에 들어가고자 하는 사람은 없을 것이며, 그 의사는 또한 환자가 준비 안 된 상태에 있는 것을 원하지도 않을 것이다. 하지만 매주 설교자들과 예배자들이 종종 그들의 하나님과의 황송한 만남에 대하여 스스로를 예비하지 못하고 있다. 그 결과 예배와 선포는 따분한 것이 되고 성령은 우리 가운데서 강력한 일을 전혀 할 수가 없는 것이다.

설교자와 교회 사역자들의 관계는 설교 사역자들과 교회와의 관계와 똑같다. 회중은 다음과 같이 말할 수 있어야만 한다. "이제 우리는 주께서 당신에게 명하신 모든 것을 듣고자 하여 다 하나님 앞에 있나이다"(행 10:33). 그리고 설교자는 "주의 성령이 내게 임하셨으니 이는 내게 기름을 부으시고자 하심이라"(눅 4:18)고 긍정할 수 있어야만 한다. 이것들은 하나님의 백성들의 영적 변형을 위해 필요한 기본적인 요소들 가운데 들어 있다. 교회와 목회자가 모두 기도를 드리며 말씀 안에서 살며 삶의 현장에서 그리스도를 섬기고자 애쓸 때, 성령은 성도들이 예배를 위하여 모였을 때 함께 일할 수 있는 뭔가를 가지시게 된다.

하나님의 말씀을 적용하기

요한 웨슬레는 1779년 6월 13일 주일을 위한 그의 일기에서 다음과 같이 썼다. "바로 이 날 나는 놀랍고 탁월한 진리들이 교회에서 전해지는 것을 들었다. 그러나 전혀 적용이 없으므로, 그것은 종달새가 노래하는 것 이상의 일을 하지는 못할 것 같았다." 고전적 설교학은 사역자가 해석과 예증과 적용이 담긴 설교를 하도록 요청한다. 그리고 적용 부분은 대개 끝에 온다. "전혀 권고가 없다면 설교도 없다"라고 존 브로더스는 가르쳤는데, 함께 소리 치는 표어는 "답신(答申)을 위하여 설교하라!' 였다. 정통 교인들에게는, 성경적인 설교가 선포(케리그마), 설명(디다케), 논의(호밀리아), 그리고 권면이나 적용(파라데시스)으로 구성되어 있다.

다른 접근법

그러나 사정은 변화하기 시작했으며, 대중적인 접근법은 다음과 같이 되었다. 성경은 그 자신의 적용을 가지고 있다. 모든 설교자들이 해야 하는 일은 본문을 읽고 그것을 설명하고 그것을 도덕적으로 약간 설명하고 몇 가지의 이야기들을 하고 나머지를 주님과 듣는 자에게 맡기는 것이다. 하지만 이 접근법은 목회 서신들 안에서 그리고 성경 전체를 통하여 발견되는 모범들 안에서 우리에게 주어진 명령들과는 반대되는 것처럼 보인다. 바울은 말씀의 선언을 강조하였을 뿐 아니라 교리의 가르침과 그 교리를 교회 생활과 개별 신자의 삶에 적용하기를 강조하기도 하였다. 선지자들은 메시지를 큰 소리로 반포하는 것으로 만족하였다. 그들은 또한 몇몇 뇌성 벽력 치듯이 하는 적용과 경고를 발하기도 하였다. 그런데 우리 주님의 산상수훈은 예수님이 가르치신 것을 순종하라는 훈계로 결론지어지지 않는가?

만일 당신이 하나님의 말씀의 권위를 의심한다면, 당신은 그것을 적용하고자 하지 않을 것이며 아마도 그것을 설교해서는 안 될 것이다. 만일 당신이 다원화된 사회 안에 사는 사람들을 기쁘시게 하는 것과 정치적으로 올바른 자세를 유지하는 것에 대하여 걱정한다면, 그 때는 온갖 수단을 다하여 성경의 개인적 적용을 피하도록 하라. 만일 당신의 설교들이 시사 문제에 대한 종교적 수필들이라면, 그 때는 적용해야 할 것이 그리 많지 않을 것이다. 그러나 만일 당신이 말씀을 설교하며 성령을 의지하고 예수 그리스도와 당신의 사람들을 사랑하며 당신의 사역의 시간이 짧다는 것을 깨닫는다면, 당신은 하나님의 진리가 듣는 사람들에게 개인적이며 실제적으로 적용되게 되기를 원할 것이다. 그렇다. 말씀은 마음에다 그 인상을 남기며 성령은 확신을 심어 주지만, 말씀은 설교자를 필요로 하며 성령은 사람의 음성을 필요로 한다. 그러므로 설교에는 적용이 필요하다.

"적용"이 무엇인가?

영어 단어 '적용하다'(apply)는 라틴어로부터 왔는데 "포개다, 함께 모으다"를 의미한다. 우리가 성경을 적용할 때, 우리는 진리와 생활을 함께 포개어 메시지가 실제적이 되게 하며, 우리는 또한 사람들과 하나님의 말씀을 함께 모으므로 메시지가 개인적인 것이 되게 하는 것이다. 우리는 바울이 교리와 의무를 함께 모으며 담대하게 "그러므로"라고 말할 때 쓰던 모범을 따르고자 한다. 적용은 진실로 하나님께서 백성들이 변하며 자라서 하나님으로부터 오는 새로운 복들을 경험하도록 초청하는 것이다.

적용이 항상 설교의 말미에 이루어져야만 하는가? 반드시 그럴 필요는 없다. 우리가 적대적인 청중에게 설교를 하고 점차 그 마지막 도전을 향하여 힘써 나아가고 있는 것이 아니라면 말이다. 그리고 만일 우리가 마지막 순간들을 위하여 주안점을 아낄 경우 메시지가 보다 더 효과적이게 될 것이 아니라면 말이다. 성경을 매주 해석해 가는 동안에, 목회자는 설교가 진행되어짐에 따라 – 약속들, 경고들, 계율들,

규칙들 – 말씀을 사랑스럽게 적용하고 난 다음에, 마지막에 가서 듣는 사람들의 마음을 자극하며 함께 모아 그리스도를 위한 그들의 결단을 촉구하고자 할 것이다. 비록 우리가 매주 동일한 회중에게 설교한다 할지라도, 각각의 설교는 다르며 각각의 설교 상황 또한 독특하다. 따라서 현명한 설교자는 성령의 검을 지혜 있게 사용하여 찌르며 말씀의 약을 지혜 있게 사용하여 치유하고자 할 것이다(시 107:20).

말씀을 적용함에 있어서, 우리는 정확하고 실제적이어야 한다. 그리하여 사람들이 무엇을 해야 하며 그것을 어떻게 해야 하는지를 알게 되어야 한다. 그 호소를 긍정적으로 만드는 것이 더 나은 것은, 비록 성경의 부정적인 경고들을 결코 무시해서는 안 되겠지만 사람들은 형벌보다는 보상들을 보다 더 흔쾌히 반응하기 때문이다. 그러나 이사야 5장에 나오는 여섯 가지의 "재앙들"이 연대기적으로는 6장에서 표현된 그 자신의 "나에게 화로다!" 보다 먼저였다는 것을 염두에 두도록 하라. 우리는 설교를 다른 사람들에게 적용시키기 이전에 먼저 우리 자신에게 적용시켜야 한다.

예증들–찬성과 반대들

전통적으로 사역자들은 예화들을 그들의 설교에 삽입시켜 왔다. 이는 조리사가 음식 만들 때 양념을 넣는 이유와 동일하다. 그것을 보다 더 구미에 맞게 하기 위해서이다. 설교자는 개요를 쳐다보고 어디에다 양념을 더하여야 하는지를 결정한 다음에 그 일을 하기 위하여 올바른 이야기나 인용문을 찾고 싶어할 것이다. 그러나 "설명, 예증,

적용”에 대한 이런 전통적인 설교학적 접근법은 거의 사라져 버렸다. 따라서 우리가 감사할 수 있는 것은 그것이 기계적이고 예측 가능하게 되었기 때문이다. 예화 책들을 파는 것이 도움이 될 수도 있을 것이나, 예화들은 항상 메시지를 돕는 것은 아니다.

설교를 예증하는 문제에 도달할 때, 나는 약간 무리에서 동떨어진 사람이 된다. 나는 설교가 아주 이해하기 쉽게 되어서 우리가 빛을 들어오게 하기 위하여 “창문들”을 첨가하지 않아도 될 정도가 되어야 한다고 믿는다. 만일 우리가 조금이라도 예화들을 사용한다면, 그것은 분명한 것에게 빛을 비추기 위해서가 아니라 우리 청중들의 상상력을 자극하여 진리를 받아들일 길을 예비하게 하기 위함인 것이다.[10) 설교는 지성에게 정보를 제공해야 하는데, 따라서 만일 한 예화가 사람들이 성경을 보다 더 쉽게 이해하는 일에 도움을 준다면, 그 때는 예화를 사용하라. 당신이 예화들을 어떻게 사용하느냐 하는 것은 당신 자신의 기술과 당신이 말하고 있는 회중의 종류에 달려 있다.

설교는 또한 상상력과 감정들을 자극해야 하는데, 바로 여기서 예화들이 가치 있게 될 수가 있는 것이다. “인간의 마음은, 철학자들이 당신이 생각하게 되기를 바라는 것처럼, 논쟁하는 학당이 아니다. 그것은 그림이 있는 화랑이다.”[11) 놀라운 인용문, 눈에 띄는 사건, 또는 움직이는 경험은 상상력에게 크게 영향을 줄 수 있어서 듣는 자는 하나님의 말씀을 받아들일 마음이 더 생기게 될 것이다. 비유적 표현 – 미소들, 은유들, 상징들 – 의 적절한 사용은 설교자가 개발해야 할 기술이다. 왜냐하면 성경은 우리가 하나님의 진리를 더 잘 이해하는 것을 돕는 흥미진진한 비유적 표현들로 꽉 차 있기 때문이다. 나는 이것에 대하여 11장에서 더 자세히 이야기하고자 한다.

우리 주님께서 비유들과 상징들을 사용하신 것을 예화를 말씀하신 것으로 분리해서는 안 된다. 왜냐하면 그것은 그분께서 하시고 계신 일이 아니었기 때문이다. 주일학교 계간지들이 하는 말과는 반대로, 비유들은 "하늘의 의미들을 가진 지상의 이야기들"이 아니다. 비유는 우리가 생활 속에서 보는 어느 것에 대한 그림으로 시작되기 때문에 그것은 우리의 주목을 받는다. 그러나 그런 후에 그것은 우리가 우리 자신을 들여다 볼 수 있는 거울이 된다. 우리가 비유 안에 들어 있다! 그러나 마지막으로 만일 우리가 성령께 굴복한다면, 그 비유는 우리가 하나님을 들여다보고 그분의 사랑과 은혜에 대하여 배우게 되는 창문이 된다. 일반적인 이야기들은 그런 일을 하지 못한다!

예수님은 비유와 은유의 달인이셨다. 그분은 사람들의 눈과 귀를 진리에 대하여 열리게 하기 위하여 이 접근법을 취하셨다(마 13:10-17을 보라). 그들은 주변의 피조물 속에 있는 영적 교훈들에 대하여 눈이 멀어 있었다. 그러므로 그분은 씨, 토양, 개와 돼지, 포도나무, 누룩, 출생, 포도주 부대, 그리고 여타 수십 가지의 낯익은 것들에 대하여 말씀하셨으며 항상 그것들을 영적인 진리와 연계시키셨다. 그분은 관심 있는 자들의 흥미를 유발시키셨으며 그들이 영적 진리를 듣고 깨닫는 일을 돕고자 애쓰셨다. 그러나 동시에 그분은 군중 가운데서 자신들이 이미 그것을 알고 있다고 생각하는 사람들에게는 심판을 가하셨다. 비유적인 표현들을 사용하심으로써 예수님은 눈먼 사람들의 눈을 뜨게 하셨으며 자신들이 볼 수 있다고 생각하는 사람들의 눈을 닫으셨다.

우리가 어디서 예화들을 찾아야 하는가? 성경 안에서, 개인적 경험 안에서, 전기와 자서전 안에서, 그리고 (만일 당신이 주의 깊은 사람이라면) 시사적 사건들 안에서이다. 나는 당신에게 시사적 사건들을 사용하는 데서는 유의해야 한다고 경고하는 바이다. 왜냐하면 당신은 뉴스 보도를 항상 믿을 수는 없기 때문이다. 이야기가 전개되어 감에 따라, 그것은 전혀 다른 의미를 취하게 될 수도 있다. 물론, 동일한 경고가 당신이 전기들과 자서전들을 이용할 때도 적용된다. 제 아무리 훌륭한 작가라 할지라도 실수를 하기 때문이다. 한 책이 또 다른 책의 오류들을 얼마나 영구적으로 만드는가는 놀라운 일이다.

당신을 자극하면서 이것은 대단한 예화라고 말하는 그런 종류의 설교학적 직관을 배양하라. 그러나 만일 당신이 현실의 삶에서 나오는 예화들을 사용한다면, 특히 가족 경험들로부터 나오는 것들을 사용한다면, 당신이 관련된 사람들로부터 허락을 꼭 받도록 하라. 당신의 아내와 자녀들 또는 가장 좋아하는 집사가 그 이야기가 온 세상에 알려지는 것을 싫어할 수가 있으므로, 신중히 처신하라. 설교 속으로 끌려 들어갔으나 그것에 대해서는 아무 말도 하지 못하는 것에 대해 분개하는 설교자의 자녀들이 한 둘이 아니다.

가장 나쁜 예화의 근원 두 가지는 예화집과 다른 설교자들의 설교들이다. 특히 만일 당신이 당신의 교인들을 속여 그 설교자의 경험이 실제로 당신에게 일어난 것이라고 생각하게끔 만들고자 애쓸 경우에는 그렇다. 우리 회중 가운데 책을 읽는 사람들이 있으며 그들은 우연히도 그들의 책장에 바로 그 책을 가지고 있을 수가 있다. 그러나 비록 그들이 그렇지 않다 할지라도, 강단에서 표절을 할 이유는 없다. 예화집에 대해서 말한다면, 그 이야기들은 대개가 오래 된 것이며 진부해진 것으로 다른 책들로부터 베낀 것이다. 또 그것들은 오늘날 쉽게 인식될 수 없는 사람들에 관한 것들이다. 그 이야기들은 무디나 빌리 선데이에게는 효용이 있었을지 모르나 당신에게는 그렇지가 않을 수 있다.

여기에 당신이 당혹하지 않도록 해 줄 수 있을, 예화들의 사용에 관한 몇 가지 제안들이 있다.

첫째, 당신에게 자연스러운 예화들을 사용하라. 나는 과거에 축구에 관한 이야기를 사용한 적이 있는데, 예배 후에 사람들은 나에게 그 얘기를 어디서 얻었느냐고 물었다. 그들은 내가 스포츠를 좋아하는 사람이 아니라는 것을 알고 있었다. 따라서 그들은 그 이야기가 빌려 온 것이라는 것을 알고 있었던 것이다.

둘째, 예화들을 주의하여 선택하고 그것들을 아껴서 사용하라. "마천루 설교들"을 듣기 원하는 이는 하나도 없다 – 다른 사람의 꼭대기 위에 얽힌 이야기 말이다. 그리고 예화들 중에서 종족, 경제적인 지위, 직업, 또는 국적 때문에 거부감 을 일으킬 수 있는 예화들이 하나도 없도록 하라.

세째, 앞으로 사용할 수 있도록 그 예화를 문서로 남기라. 당신의 개요 위에다 "배에 관한 밥의 이야기"라고 써 놓는 것은 만일 당신이 나중에 그 설교를 하기 원한다면 큰 재난을 초래하게 될 것이다. 그 이야기가 잊을 수 없는 것이거나 당신이 사진 찍어 두는 것 같은 기억력이 없는 한 말이다.

네째, 유머를 지혜 있게 사용하되 결단코 메시지의 결론에서 하지는 말라. 그 때는 사람들이 하나님의 말씀에 순종하는 것에 관하여 심각하게 되어야 할 때이다. 만일 당신이 타고난 유머 감각이 있다면 강단에서 유머를 사용할 수는 있을 것이다. 그러나 입담 좋은 종교적 희극이 되게 하지는 말라.

다섯째, 당신이 열 지어 행진하는 사람들에게 연설을 하거나 당신의 사람들이 나쁜 기억력을 가지고 있지 않는 한 예화들을 반복하지 말라. "내가 전에 이 말을 했는지 모르나 이것을 반복할 만한 것입니다"라고 하는 케케묵은 핑계는 우리를 사면해 주지 못한다. 이것은 단순히 우리가 너무 게으르거나 무관심하여 새로운 어떤 것을 찾을 수 없었다는 사실을 드러낼 뿐이다.

그리고 이제 결론에서...

다시 한번 나는 내가 설교의 결론을 사용하여 주제를 반복하도록 하며 주안점들을 되새기도록 하라고 우리에게 가르친 고전적 설교학자들과는 다르다는 것을 발견하게 된다. 그 때는 우리가 주제를 권면으로 바꾸어야 했으며, 만일 시간이 있다면 이야기 하나를 더해야 했을 것이다.

만일 우리의 설교가 분명한 것이었다면, 사람들은 메시지의 주제와 핵심들을 모두 알게 될 것이다. 왜 요약을 해줌으로써 그들의 지성과 빈약한 기억력을 모독해야 한단 말인가? 그리고 만일 우리가 메시지를 전하는 동안 하나님의 진리를 사랑스럽게 적용한다면, 회중은 하나님께서 그들이 하기 원하시는 바를 스스로 알고 있을 것이다. 사실 성령은 다른 사람들에게 다른 이야기를 하실 것인데, 그것들 중의 몇 가지는 설교 중에 들어 있지 않을 수가 있다. 특별한 메시지들은 요약과 권면이 필요하겠으나, 교회 가족에게 하는 목회적 설교는 그와는 다르다. 우리 가족 식사의 말미에 나의 아내는 자녀들에게 그들이 무엇을 먹었으며 그녀가 왜 그들 앞에다 그 음식을 갖다 놓았는지를 상기시키지 않는다. 그들이 그것을 먹었으며 그들이 그것을 즐겼으며, 그것은 이미 그들을 건강하게 해 주었다. 비록 이틀 후에 그들이 그 때의 메뉴가 무엇이었는지를 잊어버린다 할지라도 말이다.

가장 좋은 결론은 간결하고 인상적이어서 진리에 순종하는 것이 너무도 매력적이고 예수님께 순종하는 것을 너무도 귀중한 것으로 여겨지게 만들어서 아무 말도 더 할 필요가 없게 만드는 그런 결론이다. 설교를 다시 반복하거나 우리가 앞에서 말했어야 했을 잊었던 자료를 설교하는 것은 모든 사람에게 우리는 진실로 준비가 없었다는 것을 말하는 것이다. 사업 계약을 맺을 때나 또는 법정에서 변호사가 변론할 때와 같이, 마지막 2분이 성공과 실패를, 생명과 죽음을 가름할 수가 있다. 당신이 말해야 할 것을 주의하여 준비하도록 하라. 왜냐하면 당신은 변화를 가져오며 하나님의 영광을 드러내기 위하여 설교하고 있기 때문이다.

제7장

우리는 속에서부터 넘쳐 나오는 것을 설교한다.

만일 설교자가 하나님의 말씀으로 가슴을 채우고
훌륭한 작가와 사상가들의 생각들로 지성을 채운다면,
지혜의 샘을 갖게 될 것이다.
그 샘은 설교가가 그것을 필요로 할 때 자연스럽게
흘러나오게 될 것이다.

제7장
우리는 속에서부터 넘쳐 나오는 것을 설교한다.

We Preach from the Overflow

"내가 나의 마음이 냉담하게 되도록 놓아둔다면,
나의 설교는 냉담할 것이다. 그리고 그것이 혼란스러울
때는 나의 설교도 혼란스러울 것이다."
리차드 박스터(개혁 교회 목사)

"설교처럼 지루하다"는 말은 나에게 불쾌한 비유가 된다. 그런 말은 모든 정보 사전으로부터 반드시 지워버려야 한다(나는 지루한 설교를 한 것에 대해서 죄책감을 느끼는데, 내가 지루한 설교들에 귀를 기울여야 함으로써 나는 그것에 대한 대가를 치렀다). 그러나 나의 사역의 후반기에 나는 몇몇 설교들이 왜 지루하며 다른 설교들은 흥미 있는가를 발견하였다. 그것은 설교의 과학화하고는 전혀 관계가 없었으며 모든 것은 설교의 기교와 관련이 있었다. 만일 우리가 흥미 있는 사람이 되고 싶고 말씀을 보다 더 큰 기교로 전달하고 싶다면, 우리는 우리의 마음과 삶 속에서 흘러 넘치는 것으로부터 설교를 해야만 한다.

예술가인 설교자

우리가 설교학이라 부르는 것은 설교의 과학일 뿐이다. 그것은 책들을 읽으며 학과에 참여하고 가장 훌륭한 설교자들에게 귀를 기울임으로 배울 수가 있다. 그러나 당신의 노트나 컴퓨터를 자료로 채우는 것, 성공적으로 시험들을 통과하는 것, 그리고 종국적으로는 교과 코스를 졸업하는 것은 당신의 설교가 자동적으로 흥미 있게 되리라는 것을 전혀 보장해 주지 못한다. 만일 의학도가 해부학 과목들을 수료한 직후 그들의 훈련을 중단한다면, 그들은 살아 있는 사람들의 필요들을 다루는 데 있어서 잘 준비되지 못하게 될 것이다. 엘리오트(T.S. Eliot)는 우리에게 "해부학의 연구는 당신에게 암탉으로 하여금 어떻게 하면 알들을 낳게 만드는지를 가르치지 않을 것이다"라고 상기시켰다.[1] 성공적인 양계업자가 되는 것은 인생에 대한 무언가를 아는 일을 포함한다.

모든 과학은 기교를 가지고 있는데, 일꾼으로부터 개성을 드러나게 한다. 그의 일을 독특하고 흥미 있게 만드는 것은 뭔가를 하는 기교이다. 똑같이 그림을 그리는 화가들이 둘이 없기 때문에, 당신은 피카소와 고흐를 구분할 수가 있는 것이다. 다양한 음악가들의 특징적인 스타일을 구별할 수 있다면 당신은 누가 노래를 하고 있으며 누가 연주를 하고 있는지를 알아챌 것이다. 은사가 있는 연주자는 쉽게 다른 연주자를 모방할 수 있을 것이나, 그것이 진실한 예술성이 작동하는 방식은 아닌 것이다. 예술가는 자신들의 진짜 "음성"―그들이 누구이며 그들이 그것을 어떻게 표현해야 하는가―을 발견하게 될 때

비로소 그들은 그들의 재능, 훈련, 그리고 예술적 직감을 연합시키며 창조적으로 연주할 수 있게 된다.

요컨대, 우리는 풍성한 서재를 가지고 설교하는 것이 아니라 "마음에 가득한 것"(마 12:34)으로부터 설교하는 것이다. 진실한 설교는 넘쳐흐르는 것으로부터 나온다. 솔로몬은 다음과 같이 조언해 주었다. "무릇 지킬 만한 것보다 더욱 네 마음을 지키라 생명의 근원이 이에서 남이니라"(잠 4:23). 창조성은 수용성에 크게 의존하고 있는데, 이 수용성은 하나님, 생명, 그리고 사람들에게 열려 있음을 의미한다. 우리의 삶 가운데서 영적인 넘쳐흐름이 없다면, 사역은 메마르고 열매가 없게 될 것이다.

얄팍함의 수치

분명히 하나님은 깊은 인생을 경험하게 하시고자 자기 백성을 부르셨다. 따라서 목자들은 자신이 가보지 못한 곳으로는 양들을 손쉽게 인도할 수가 없다. 주님은 그분의 진리가 우리의 내적 존재 속으로 침투해 들어가기를 원하신다(시 51:6). 그분은 우리가 삶을 위한 깊은 기초들을 놓기를 원하신다(눅 6:48). 성령은 우리에게 바울이 에베소서 3:14-21에서 기도하였던 그런 종류의 깊음을 주시기 원하신다. 우리가 사람들뿐만 아니라 우리 자신을 위해서 그런 기도를 자주 하면 바람직한 것일 것이다.

하나님에 의한 깊음으로의 초대는 피상적인 것을 향한 세상의 유혹에 의하여 너무도 자주 삼킴을 당한다. 우리는 사물의 표면에서 지나가 버리는 것을 즐기는, 그리고 대체적인 것에 의존하여 사는 것을 즐기는 얄팍한 사회에서 살고 있다. 신자들은 바람이 불 때마다 흔들리는 뿌리 없는 회전초가 아니라 뿌리 있는 나무들로 상정되어진다(시 1:3). 인구 이동은 설교자가 설교 자료를 재생하여 쓰는 것을 쉽게 만들며, 만일 그가 다 써 버리면 다량의 설교 카세트들과 설교 개요들을 담은 서적이 있어서 공급을 보충해 준다. 당신은 당신에게 돈을 받고 매주 설교 개요들을 공급하는 회사들을 위해서 기부할 수도 있을 것이다. 그리고 당신은 무료의 자료가 당신의 컴퓨터에 온라인으로 들어와 기다리고 있음을 발견하게 될 수 있다. 얄팍한 설교자가 1마일 길이의 그리고 1인치 두께의 사역을 제조해 낼 기회들은 수없이 많이 있다.

얄팍한 설교 사역의 표시들 중의 몇 가지는 무엇인가? 그것들 중의 한 가지는 귀를 기울이기에 쉬운 예측 가능한 설교들을 준비하는 것이다. 성령께서 가책을 주실 것이라고 두려워하는 사람이 하나도 없을 것이기 때문이다. 결국, 만일 설교자가 설교를 준비할 때 불안을 느끼지 않았다면, 회중이 그것을 들을 때 왜 불안을 느끼게 되는가? 그 설교는 전혀 해가 없으니, 이는 회중이 다음에는 무엇이 나올 것인지를 알고 있기 때문이다. 성경적 설교들은 의사의 처방전과 같아서 환자들을 위하여 특별하게 고안된 것이어야 한다. 그러나 얄팍한 사역은 모든 사람에게 안락하게 맞는 일반적인 메시지들을 제공한다. 강조점은 외부적인 조건에만 있다. 변화를 위한 도전은 전혀 없으며 그 누구도 불쾌감을 가지고 돌아가지 않는다. 모든 사람이 좋은 시간을 가졌으며 다음 주에 다시 오는 것도 안전하다.

깊이가 없는 사역의 또 다른 특징은 그것이 심각한 문제들에 대하여 피상적인 해결책들을 제공한다는 것이다. 예레미야 시대의 거짓된 선지자들처럼, 얄팍한 설교자들은 "평강하다, 평강하다 하나 평강이 없도다"(렘 6:14). 예수님께서 "많은 이들"이 진실한 신자들이라고 심판의 날에 주장할 것이라고 말씀하시는 말씀을 들으면 소름이 끼친다. 그러나 그분은 그들을 거부하지 않으실 수 없게 될 것이다. 왜냐하면 그들은 진실로 그분을 신뢰한 적이 없기 때문이다(마 7:21-13). 우리는 귀를 만족시키는 것이 아니라 마음을 뚫고 들어가는 메시지들을 준비하기 원한다.

얄팍한 사역의 세 번째 특징은 새로운 도전에 반응하는 사람들로부터 생겨나는 새로운 교회 문제들이 없다는 것이다. 매주 교회 안에서는 평상적인 일들만이 있다. 그러나 주님은 자신의 백성들이 안락한 정주자(定住者)들이 아니라 용감한 개척자들이 되기를 원하신다. 설교자에게 주는 하나님의 말씀은 "이 모든 일에 전심전력하여 너의 진보를 모든 사람에게 나타나게 하라"(딤전 4:15)이다. "진보"라고 번역된 희랍어(프로코페)는 "개척자의 전진"을 의미한다. 그것은 다른 사람들을 따라오도록 하기 위하여 모든 장애물들과 지독한 시련들을 "자르고 앞으로 전진하는" 두려움 없는 사람들에 대한 그림이다. "젊은 설교자가 성장하는 것을 보는 일은 영감을 주는 일이다. 왜냐하면 그럴 때 교회가 그와 함께 성장하게 될 것이기 때문이다"라고 로벗슨은 기록하였다.[2] 경험이 많고 보다 더 나이 많은 설교자가 지속적으로 성장하는 것을 보는 것은 한층 더 영감을 주는 일이다. 왜냐하면 그렇게 될 때 교회는 로버트 쿡(Robert A . Cook)박사가

"성화(聖化)된 노령"이라고 부르던 것을 용납하지 않게 될 것이기 때문이다. 설교자를 특징 있게 만드는 그 개척자적 전진이 또한 회중도 특징 있게 만들 것이다(빌 1:25). 개교회는 주차장이 아니라 발사대(發射臺)가 되어야만 한다.

깊게 파라

현명한 설교자는 자기 집을 지을 때 "깊이 파고 주초를 반석 위에 놓은"(눅 6:48) 사람과도 같다. 설교에서의 깊이는 불확실성을 의미하는 것이 아니다. 마치 우리의 목적이 사람들을 혼란스럽게 만들거나 그들에게 인상을 주는 것인 양 깊이 파는 것이 아니다. 설교에서의 깊이란 우리가 심오한 것들을 간결하게 만들며 간단한 것들을 심오하게 만들고 또 모든 것들을 실제적인 것으로 만드는 것을 의미한다. 표면적 설교자들은 개요들, 이야기들, 학문적 설명들, 그리고 표면적 적용들로 만족한다. 그러나 깊이 있는 설교자들은 마음을 흔들어 놓게 되기를, 상상력으로 흥분되기를, 그리고 결국에는 의지를 사로잡게 되기를 원한다. 핼포드 럭코크가 썼듯이. "설교의 목적은 사람들로 하여금 이유들이 아니라 비전들을 보게 만드는 것이다." [3] 그들의 요청은 "우리가 예수를 뵈옵고자 하나이다"(요 12:21)이다.

만일 우리가 이런 종류의 사역을 하고자 한다면 무엇이 요구되는가? 나는 깊음의 사역은 자신의 하나님과의 관계가 깊어짐으로 시작된다고 믿는다. 바울이 에베소서 3:14-21에서 무엇을 위하여 기도했는지를 본 것처럼 말이다. 얼마나 많은 사역자들이 일괄적이고 훈련

받는 헌신 생활을 배양하지 못하고 있는지는 끔찍한 일이다. 그런데 그들 중의 몇몇은 그들의 설교 준비가 그 일을 대신한다는 주장을 함으로써 이 실패를 변명하고자 한다. 그러나 그것은 그렇지 않다. 다른 사람들을 위하여 음식을 준비하는, 그러나 자기 자신이 음식 먹을 시간은 거의 갖지 못하는 요리사들은 결국은 영양 실조로 고통을 당하게 될 것이다. 설교를 준비하는 것은 어느 정도는 우리 자신에게도 영양을 공급할 수 있으나, 그것은 하나님과 더불어 간섭받지 않는 시간을 가지는 것과 동일하지는 않다. 그분께서 그분의 말씀을 통하여 말씀하시는 것을 듣고 그분을 경배하고 우리의 필요들을 그분께 아뢰는 것과는 똑같지가 않다. 우리가 시간을 내어 메시지 준비하는 것이 중요하지만, 우리가 "거룩하게 되기 위하여 시간을 내는 것" 또한 중요하다.

나는 만족할 만한 경건 생활을 개발하는 데는 정복해야 할 독특한 몇몇 장애물들이 있다는 것을 인정한다. 그것들 중에서 직업주의를 무시할 수는 없다. 사역자들인 우리는 성경을 익숙하게 아는데, 이는 우리의 훈련 때문만이 아니라 우리가 연구하고 조언하고 사역할 때 성경을 매일 사용하기 때문이기도 하다. 만일 우리가 주의하지 않는다면, 우리가 하나님 말씀을 사용하는 것은 직업적인 것이 될 수가 있다. 우리는 그 책을 평범한 책으로 바꿔 버릴 것이며, 우리가 기대하는 심정으로 성경을 읽을 때 생겨나는 즐거움과 원동력을 점차 잃게 될 것이다. 조지 맥도널드(George Macdonald)는 "거룩한 것들의 외부적 면(面)만을 습관적으로 다루는 것만큼 성직자에게 치명적인 것은 없다"라고 말했다.[4] 그러므로 우리는 말씀의 내면으로 들어가도록 유의해야 하며 말씀으로 하여금 우리 안으로 들어오도록 허용해야만 할 것이다(골 3:16).

우리는 매일 경건의 시간을 갖되 다음 모임에서 말할 뭔가를 얻어야 하는 기독교 직업적 일꾼들로서가 아니라 하나님의 은혜를 절실하게 필요로 하는 죄인으로서 그렇게 해야만 한다. 우리는 하나님의 말씀의 경이를 잃어 버려서는 안 된다. 아버지가 우리와 같은 피조물들에게 말씀하시기 원하는 놀라운 사실의 감격을 잃어버려서는 안 된다. 우리는 하나님의 진리에 대한 식욕을 배양할 필요가 있으며 주님의 약속을 믿을 필요가 있다. "의에 주리고 목마른 자는 복이 있나니 저희가 배부를 것임이요"(마 5:6). 몸에 있어서와 마찬가지로, 영혼에 있어서도 그렇다. 식욕을 잃기 시작할 때, 그것은 당신이 병들고 있다는 증거이다. 그 질병을 처리하라. 그러면 당신의 식욕이 돌아올 것이다.

우리의 경건 생활에 대한 두 번째의 장애물은 소심함이다. 우리는 우리가 들었고 읽은 하나님의 위대하시고 또한 사람들의 심오한 영적 경험들을 가지고 있지 못하기 때문에 죄의식을 느낀다. 우리는 그들의 거룩한 훈련들을 모방하고자 노력하나 주춤하고 만다. 그런 다음에 우리는 그러한 비참한 실패를 느끼는데도 영적 생활에 대하여 설교할 수 있는가에 대하여 회의한다.

자, 설교자들이여! 용기를 가지도록 하라! 우리 각자는 독특하며 우리의 아버지는 우리가 서로를 모방하는 것을 원하지 않으신다. 아브라함은 이웃 사람 둘이서 뒷마당 울타리 너머로 한담하듯이 그렇게 하나님과 더불어 대화하였다(창 18:16-33). 그러나 모세는 시내산

위에서 하나님의 엄위한 존전에서 도고를 드렸다. 여호수아는 하나님께서 여리고 성벽을 분쇄시키는 모습을 보았으나, 위대한 사도 바울은 바구니에 얹혀져서 다메섹 성벽 아래로 몰래 내리워졌다(행 9:25). 사도들은 기적들을 행하였으나, 가장 위대한 선지자인 세례 요한은 기적을 한 번도 행한 적이 없다. 하지만 그리스도에 대한 그의 증거는 그가 죽은 연후에도 열매를 맺었다(마 11:11; 요 10:41). 당신의 매일 예배 시간에 당신 자신이 되도록 하며, 마음을 열어놓고 하나님을 정직하게 대하며 서두르지 말고, 그분께서 가장 선한 것이라고 알고 계시는 바를 당신을 위하여 행하시도록 허용하라. 만일 우리가 우리 경험을 초월하는 본문을 가지고 설교한다면, 그것을 인정할 만큼 충분히 정직하고 겸비한 마음으로 설교하도록 하라. 그렇게 하지 않으면 우리는 우리 양심보다 뒤떨어진 자신을 발견하게 되고 아나니아와 삽비라 같이 되는 자신을 발견하게 될 수 있을 것이다. 그들은 사람들로 하여금 그들이 실제보다 더 영적이라고 생각하게 만들고자 노력한 사람들이다.

성공적인 명상과 기도에 대하여 가장 고약한 장애물들 중의 하나는 선한 생각들의 침투이다. 우리가 말씀을 묵상하고 있는 동안, 우리는 설교를 위한 하나의 생각을 얻게 되거나 우리가 위해서 기도하겠다고 약속한 어떤 사람의 생각을 하게 될 수 있다. 또는 우리가 그 날 해야 할 일거리를 갑자기 기억하게 된다. 우리는 그러한 생각들이 성령께서 상기시키는 것들인지 아니면 악마가 공격하는 것인지 결코 확신할 수가 없다. 만일 우리가 이런 방문자들을 너무 오래 받아들인다면, 우리는 아마도 우회로로 들어서게 될 것이며 성령께서 그 때까지 우리를 위하여 행하여 오신 것을 모두 무산시키게 될 것이다. 해결책은 간단하다. 설교 착상을 종이 한 장에다 적어 놓고 그것을 "책상" 철에다 철해 놓은 후 잠시 시간을 내어 궁핍을 당한 사람을 위하여 기도하도록 하라. 당신의 일기장에다 해야 할 일을 적어 놓고 난 다음에 명상과 기도로 되돌아가라. 경건 생활에 대해 말한다면, 사역자들은 훈련 중에 있는 운동 선수들과 같이 되며 다음과 같이 말해야만 한다. "이것은 내가 해야 할 단 하나의 일입니다!"

엠마오 제자들이 예루살렘에 있는 두려움에 질린 신자들에게 가져온 메시지는 우리가 오늘날 따라야 하는 좋은 모범이 된다. 그들의 증거는 그들 자신이 예수님과 함께 한 경험으로부터 나온 것이었다. 그 증거는 그들의 가슴 속에서 불타고 있었으며 그것은 성경을 이해하게 된 결과였으며 그것은 살아 계시는 그리스도를 선포하는 것이었다(눅 24:13-35). 하나님의 영이신 성령께서 우리 눈을 여시고 성경을 여심으로 우리 마음 속에다 불을 지피실 때, 우리는 우리 입술을 열어 그리스도를 전하는 데 전혀 문제를 느끼지 않게 될 것이다. "나는 우리 자신의 가슴으로부터 설교를 뿜어낸다는 개념을 좋아한다. 설교는 우리의 가슴으로부터 나와야만 한다. 그렇지 않으면 그것들은 청중의 가슴으로 들어가지 않을 것이다"라고 찰스 스펄전은 말하였다.[5]

가슴과 지성으로부터 넘쳐나옴

하나님의 말씀이 우리 가슴을 부요하게 해야(골 3:16) 할 뿐만 아

니라 우리의 연구들 또한 우리의 지성을 부요하게 해야만 한다. 설교
자들은 독서가들이 되어야 하는데, 단순히 메시지 준비를 위해서만
이 아니라 광범위하게 독서를 해야 한다. 모든 진리는 하나님의 진리
이며 모든 진리는 상호 교차되는 것이므로, 우리가 연구하는 그 어떤
주제도 성경에 빛을 던질 수가 있다. 우리가 함께 일하고 있는 사람들
에게, 우리가 하는 사역에, 또는 인생 자체에 빛을 던질 수가 있다.
"독서는 충만한 사람을 만든다"라고 프랜시스 베이콘(Frances
Bacon)은 썼는데, [6] 당신은 넘쳐나는 것을 경험하도록 충만하게 될
필요가 있다.

그러나 독서를 하기 때문에 성장하는 부지런한 설교자들이 있다.
반면, 독서를 하지만 성장하지 못하고 "배운 것만 내세우는" 설교자
들이 있는데 이둘 사이에는 차이가 있다. 그들이 하는 일은 "팽창" 일
뿐이며, 그들은 자신들이 안다고 스스로 생각하는 것으로 사람들을
지루하게 한다. 배운 것만 내세우는 설교자들은 당신에게 그들이 스
스로 읽었다고 주장하는 것으로 인상을 남긴다. 그러나 그들은 그들
이 읽은 것을 소화시키고 그것을 인생과 사역의 일부로 만든 사람들
로 고백하는 것이 아니다. 그들은 그들이 제일 잘 팔리는 책들을 모두
섭렵하였다는 것을 당신에게 말하고 있는 것이다. 마치 그것이 중요
한 것인 양 말이다. 그러나 그들이 항상 고전들에, 시대의 책들을 능
가하게 될 수 세기에 걸친 책들에 정통한 것은 아니다. 시인 알렉산더
포페(Alexander pope) 가 이런 종류의 사람을 "비평에 대한 소론" 에
서 다음과 같이 묘사하였다.

우리는 광범위한 독서를 해야 하지만 우리가 읽은 것을 미처 소화시키지 못한 채 강단으로 올라가서는 안 된다. 요한 웨슬레(John Wesley)는 자기 자신의 설교에 대하여 쓰면서 다음과 같이 말하였다. "나는 평이한 사람들을 위하여 평이한 진리를 고안해야 한다... 아니다. 나의 고안은 어떤 의미에서는 내가 생활 가운데서 지금까지 읽은 모든 것을 잊고자 함이다." 7)

당신의 지성은 받아들임에 의하여 자라고 당신의 가슴은 내어줌에 의하여 자란다. 그러므로 양자 사이에 균형을 유지하도록 하라. 당신이 갖가지 종류의 책들을 읽을 때, 당신이 유용하리라고 보는 자료를 복사해 두라. 그것을 문서화하며 그것을 당신의 교인들과 나누라. 모든 것을 하나님의 말씀이라는 석쇠를 통해서 거르며 당신과 의견을 달리하는 사람들로부터도 당신이 배울 수 있다는 것을 염두에 두라. 진리를 추구하되 하나님의 진리로 길을 인도하게 하라. 그러면 그분의 빛 가운데서 당신은 빛을 보게 될 것이다(시 36:9).

만일 당신이 당신의 가슴을 하나님의 말씀으로 채운다면 그리고 당신의 지성을 가장 훌륭한 작가들과 사상가들의 가장 훌륭한 생각들로 채운다면, 당신은 지혜의 샘을 가지게 될 것인데 그 샘은 당신이 그것을 필요로 할 때 흘러 나오게 될 것이다. 만일 당신이 독서하다가 만나게 된 가장 좋은 생각들을 담은 조직화된 서류철이나 일기장을 가지고 있다면, 그것을 세심하게 문서화시켜서 당신이 인용처를 밝힐 수 있게 한다면, 그것은 당신에게 좋은 봉사를 할 것이다. 큰 서재실을 가졌다고 해서 누구에게나 다 그것이 확장된 지성의 증거는 아닌 것이다. 당신이 가지고 있는 책들을 최대한 선용하도록 하며 그것들로 당신의 일부가 되게 하라. 지금은 당신과 내가 일생 동안 읽을 수 있는 것보다 더 많은 책들과 논문들이 단 하루에 출판되어지는 시대이다. 그러므로 당신이 모든 것을 읽어야 한다고 생각하지 말라. 다른 사람들을 흥분시키는 책들이 당신을 지루하게 만들 수가 있으나, 변명하고자 하지 말라. 책들은 도구와 같은데, 모든 일꾼들이 감당해야 할 직책은 물론 자신의 훈련과 경험에게 맞춰 도구를 선택해야 한다. 시간이 흐르면 당신은 성장하여 보다 더 나은 책들을 감상하게 될 것이므로 스스로 인내하며 참으라.

역류와 사막

나의 아내와 나는 친구이며 유능한 주석가인 설교자에게 귀를 기울이고 있었다. 그러나 뭔가가 잘못 되어 있었다. 그가 메시지를 오랫동안 소개하면 할수록 나는 보다 더 불안하게 느껴졌다. 그리고 마지막에는 내가 나의 아내에게 이렇게 말했다. "그는 넘쳐흐르는 것으로부터 설교하고 있지를 않아. 그는 밑에서 흐르는 역류로부터 설교를 하고 있어. 그는 화가 나 있어." 그리고 그가 설교해감에 따라, 그의 분노가 보다 더 명백해졌다.

역류는 물 아래서 흐르는 강한 물결로서, 표면의 물 흐름과는 반대되는 방향으로 움직인다. 그것들은 대양에서 발생할 뿐만 아니라 우리 인간 심리의 가장 깊은 곳에서도 나타난다. 물의 역류는 물결이 하안(河岸)에다 쌓아 둔 잡동사니와 폐기물들을 쓸어가 버림으로 유익을 줄 수가 있다. 그러나 인간의 역류는 그런 식으로는 일하지 않는다. 인간의 역류들은 잔해들을 제거하기는커녕 우리의 내적인 찌꺼기들을 조장하며 넘쳐흐르는 것이 그 기능을 하기 어렵게 만든다.

역류는 얼마든지 많은 원인들로부터 생겨날 수가 있다. 자만, 분노, 시기, 고백하지 않은 죄, 불안한 인간 관계, 설교나 예배에 대한 나쁜 태도들로부터도 나올 수가 있다. 그러나 그 원인이 무엇이든지 간에, 그것은 처리를 해야만 한다. 가끔 우리는 문제를 인식하고 신실한 마음으로 주님께 돌아와 도움을 청하기도 한다. 그러나 가끔 우리는 증상이나 원인들을 하나도 탐색하지 못하는데, 바로 그런 때의 역류가 위험하다. 육신적인 것과 영적인 것 사이에는 분명한 선이 있다. 우리는 우리가 주님의 열심에 의하여 움직이고 있는 것으로 생각할 수가 있으나, 실은 그것은 파열되고 거만한 자아가 활동하는 때이다.

개인적 역류로부터 나오는 가장 큰 손상은 성령의 흐름이 잠깐 저지당하는 것이 아니다. 물론 잠깐 동안이라도 저지 당하는 것은 심각한 것이다. 그러나 강을 황야로 만드는 것은 오랜 기간에 걸친 영적 권능의 봉쇄이다. 사역에서 "메마른 시기들"은 한 가지 이상의 원인들로부터 기인할 수가 있을 것이다 – 감정적 그리고 신체적 곤비함, 질병, 심지어는 낙담 – 그러나 일반적인 원인들 중의 하나는 성령의 흐름을 방해하는 댐을 만드는 내적 찌꺼기들의 증가이다. 그 찌꺼기는 훈련 없는 경건 생활, 집안에서나 교회 지도자들의 모임에서의 깨어진 관계들, 지키지 않는 약속들, 행하지 않은 일과 같은 것들이 포함될 수가 있을 것이다. 일들을 더욱 복잡하게 만드는 것은, 우리가 이런 것들에 대하여 거짓말하기 시작하는 것으로 첫 번째로는 다른 사람들에게 그리고 다음으로는 우리 자신에게 거짓말을 하는 것이다. 그렇게 되면 생명의 즙이 신속하게 마르기 시작한다(시 32:1-5).

영적인 것들 안에서의 창조성은 하나님, 우리 자신, 다른 사람들, 그리고 우리 일 사이의 올바른 관계에 달려 있다. 그 어떤 결렬도 점차 창조성을 단순히 종교적인 활동으로 대체시킬 것이며, 그 다음에 위선적 종교 활동이 그리고 마지막에는 붕괴가 파멸로 인도할 것이다. 우리는 일이 그렇게 되기 전에 문제를 처리할 필요가 있다. 터놓고 도움과 격려를 청할 수 있는 사랑하는 이나 친구를 가지고 있는 종은 복 있는 종이다.

자기 자신과 자기의 사람들을 위한 하나님의 가장 선한 것을 신실하게 추구하며 그것을 받기 위해서 흔쾌히 값을 치르고자 하는 종들에게 성령은 은혜스럽게 역사하시며 또 그들을 통해서 사역하신다. 주님은 다음과 같이 약속하셨다. "대저 내가 갈한 자에게 물을 주며 마른 땅에 시내가 흐르게 하며 나의 신을 네 자손에게, 나의 복을 네 후손에게 내리리니"(사 44:3).

제8장

우리는 예배의 한 행위로서 설교한다.

우리가 성령의 권능으로 말씀을 전파할 때
우리는 단순히 강단에 서서 사람들에게 연설을 하고 있는 것이 아니다.
우리는 보이지 않는 제단 앞에 서서 하나님을 예배하고 있는 것이다.

제8장
우리는 예배의 한 행위로서 설교한다.

We Preach as
an Act of Worship

"그 어떤 사람도 그리스도와 자기 자신을 동시에 증거할 수는 없다.
그 어떤 사람도 그 자신이 똑똑하다는 인상과 그리스도는
구원하실 만큼 강력하시다는 인상을 동시에 줄 수는 없다."
제임스 데니

내가 발견한 것 중에서 예배에 대한 가장 완전한 정의는 윌리엄 템플(William Temple)이 내린 것이다. 그는 1942년부터 1944년까지 켄터베리의 대주교로 봉직한 사람이다. 템플은 다음과 같이 썼다.

> 예배하는 것은 하나님의 거룩성에 의하여 양심을 살리는 것이며, 지성을 하나님의 진리로 먹이는 것이며, 상상력을 하나의 아름다움에 의하여 정화시키며, 하나님의 사랑에 대하여 마음을 열며 의지를 하나님의 목적에 굴복시키는 것이다. [1]

만일 당신이 예배하다란 단어를 '설교하다'로 변화시킨다 할지라도, 그 정의는 여전히 적용될 것이다. 왜냐하면 신실한 설교와 영적인 예배는 동일한 요소들을 포함하고 있기 때문이다. 그러므로 우리는 하나님께서 연합시킨 것을 분리시켜서는 안 된다. 즉 설교와 예배에 대해서 말이다. 사역자가 강단으로 올라가기 이전에 발생하는 일련의 활동들은 "예비 행위들"로 불려야 하며, 가능한 한 신속히 떼어버려야 할 종교적인 연습으로 간주되어서는 안 된다. 만일 설교자와 설교가 그들이 당연히 되어야 할 것이 되어 있다면, 이미 시작된 예배가 설교자가 메시지를 전하는 동안에 단순히 지속될 뿐이다. 왜냐하면 예배 중에 우리는 설교를 해야 하고(벧전 2:9) 설교 중에 우리는 예배해야 하기 때문이다.

가끔 당신은 사람들이 "나는 설교를 들으러 교회에 가는 것이 아니다. 나는 하나님을 예배하러 교회에 간다"라고 말하는 소리를 듣는다. 이 진술은 매우 경건한 듯이 보이나 그것은 아주 그릇된 것이다(나는 그들이 이 말을 할 때 그들의 목사의 가련한 설교를 변명하고자 하는 것인지 아니면 그들 자신의 가련한 청취력을 변명하는 것인지 확신할 수가 없다). 거룩한 제사장들이 모든 교회는 예배 때 "신령한 제사"를 주님께 드린다(벧전 2:5). 또한 우리의 몸(롬 12:1)과 우리의 기도(시 141:1-2)와 우리의 찬미(히 13:15)와 우리의 헌물(빌 4:18)도 드린다.

그러나 하나님의 말씀을 읽고 설교하는 것에 관심을 기울이는 것 또한 주님께 드리는 헌물이다. 바울은 로마서에서 두 번씩이나 라트류오(latreuo)라는 단어를 사용하여 그의 설교 사역을 묘사하였다(롬

1:9; 15:16). 이 단어는 제단에서 섬기는 것과 연관된 단어이다. 사실 NIV는 로마서 15:16을 다음과 같이 번역하고 있다. "하나님의 복음을 선언하는 제사장적 의무로써." 다른 말로 하면, 우리가 성령의 권능으로 말씀을 전파할 때 우리는 단순히 강단에 서서 사람들에게 연설을 하고 있는 것이 아니다. 우리는 보이지 않는 제단 앞에 서서 하나님을 예배하고 있는 것이다.

"설교는 예배의 필수적인 부분이다. 대단히 고조된 경배, 찬양, 그리고 예배는 하나님의 것들이 그들 앞으로 지나갈 때인 설교 시간에 경건한 회중에 의하여 도달할 수 있는 것이다"라고 패커(J.I.Packer)는 썼다.[2] 그러나 설교가 예배의 한 행위가 되려면 설교자가 어떤 조건들을 충족시켜야만 한다.

예배자로서의 삶

예배는 우리가 일주일에 한 번씩 감당하는 역할이 아니다. 그것은 우리가 항상 살아가고 있는 생활 자체이다. 예배는 우리가 아침의 경건 시간을 마쳤을 때나 우리가 밤에 잠자리에 들 때 멈추어지는 것이 아니다. 우리는 하나님을 찬양하고 그분의 말씀을 묵상하며 다음날도 여전히 기도하고 찬양하면서 깨어나고자 계획을 세우면서 잠자리에 들어야 한다. 우리가 일상적인 임무들을 이행할 때도, 우리는 우리의 마음을 하나님을 향하여 열어 놓을 필요가 있으며 성령의 인도하심에 민감하게 반응할 필요가 있다. 만일 주일 아침마다 우리가 대단한 변화들을 겪어야만 강단에 올라갈 수 있게 된다면, 우리는 강단을 떠나거나 결코 거기서 내려와서는 안 된다.

우리가 목회 사역 안에서 제공하는 봉사는 우리가 특별히 향유하고 있지 못하는 의무들과 함께 예배의 행위들로써 하나님께 드려져야 한다. 이 말은 목회자들이 하는 일은 예수님을 위하여 할 뿐 우리 교인들이나 우리 자신을 기쁘게 하기 위하여 해서는 안 된다는 것이다. 하나님은 목요일 저녁에 있는 위원회 모임에서도 주일 아침 찬양대 찬양에서와 같이 영광을 받기 원하신다. 시간은 걸릴 것이나, 우리는 사람들에게 "행정"은 "사역"을 집전하는 보다 더 세련된 방식에 지나지 않는다는 것을 가르칠 필요가 있다. 하나님께서 하나님의 백성들이 단지 두세 사람이 그분의 이름으로 모일 때도 함께 계시므로, 우리는 병실에서도, 식당 식탁에서도, 또는 회합에 참석해 앉아 있을 동안에도 그분을 예배할 수가 있다.

예배자로서 매일 사는 것은 무디가 "아주 천상(天上)적인 심성을 가지고 있으나 그들은 조금도 지상(地上)적으로 유익하지 못하다"로 묘사한 성도들 중의 하나가 되는 것을 의미하지는 않는다. 오히려 그와는 정반대이다. "전능하신 자의 그늘 아래"(시 91:1) 거하는 신자보다 사람들과 그들의 필요들을 더 잘 알며, 기회들이 있을 때 보다 더 기민하게 반응하며 봉사할 동기 부여를 더 많이 받는 사람은 하나도 없다.

예배자로서 연구하고 준비하기

우리가 연구하고 준비하는 방식에는 여러 가지의 태도들이 관련되어 있는데, 이 모든 방식들은 예배를 향한 우리의 태도에 해당한다. "예비적인 단계들"이라는 단어가 우리 머리에 떠오른다면, 우리는 제단으로 가서 우리 죄를 고백할 필요가 있다. 만일 우리가 찬송들과 읽을 거리들을 선택하는 것이 설교의 주제에 의해서만 지배된다면, 우리는 회중의 찬양에 대한 훨씬 더 광범위한 견해를 가져야 할 것이다. 만일 어느 누가 "예전"(liturgy)이라는 단어를 사용할 때 거부감을 느낀다면, 우리는 모든 교회가 선한 것이든 나쁜 것이든 간에 예전을 가지고 있다는 것을 상기할 필요가 있다. 결국, 그 단어는 단순히 "예배의 순서"를 의미할 뿐으로 희랍어 leitourgia로부터 나온 것인데, 이 말은 "공적인 의무를 이행하다"를 의미한다. 그것은 누가복음 1:23, 고린도후서 9:12, 그리고 히브리서 8:6, 9:21에서 제사장의 사역을 위해 사용되었다. 바울은 그가 예루살렘의 가난한 이들을 위하여 받고 있던 헌물을 언급하는 데 그것을 사용하였다. 몇몇 교회들은 다른 교회들보다 더 정교한 예전을 가지고 있다. 그러나 모든 교회들이 어쨌든 하나의 예전을 필요로 한다. 그렇지 않으면 회중은 함께 예배할 수가 없게 될 것이다.

두 번째의 고려는 성경을 향한 우리의 태도이다. 성경은 그것으로부터 우리가 논의하고자 하는 종교적인 생각들을 추출해 내는 책일 뿐인가? 아니면 그것은 하나님의 백성이 살고 봉사하고 예배해야만 하는 권위 있는 말씀인가? 만일 우리가 하나님이 누구신지, 그리고 그분께서 우리에게 무엇을 요구하시는지를 알지 못한다면 어떻게 하나님을 예배할 수 있는가? 만일 설교하는 것이 예배의 일부라면, 그 때 우리는 예배하는 영을 가지고 성경으로 다가가야 할 것이다. 그리고 하나님의 말씀의 위대함과 말씀의 하나님의 엄위함에 대하여 경이로 충만한 상태로 접근해야 할 것이다. 이것은 성경에 나오는 역설들과 신비들을 받아들이는 것을 의미할 뿐 모든 의문을 설명하고자 노력하는 것이 아니다. 바울이 이스라엘, 하나님의 선택하시는 은혜, 그리고 교회에 대한 그의 심오한 논의를 끝내었을 때(롬 9-11장), 그는 신학을 마감하고 찬양으로 이행하였다. "깊도다 하나님의 지혜와 지식의 부요함이여 그의 판단은 측량치 못할 것이며 그의 길은 찾지 못할 것이로다"(롬 11:33). 그는 모든 문제를 해결하거나 모든 질문에 답을 하지는 못하였으나 우리를 하나님께로 안내하였으며 우리를 인도하여 그분을 예배하게 하였다.

연구를 향한 우리의 태도는 우리가 어떻게 준비하느냐에 영향을 미친다. 몇몇 설교자들은 서재로 들어가 책을 펴고 성경의 풍부한 광산 속으로 파고 들어갈 때까지 늘 안달을 하며, 그들은 좀처럼 서재를 떠나서 그들의 목양지로 나아가려 하지 않는다. 또 다른 사역자들은 내키지 않는 마음으로 연구하러 가는 동안 그 아침을 연구 없이 넘길 수 있을 만큼 충분한 방해 거리들이 생기게 되기를 바란다. 그러나 만일 말씀을 연구하는 것이 주님을 예배하는 것을 의미한다면, 그 때 서재는 지성소가 되며 그분의 영광이 거룩한 지면(紙面)에 빛을 비춘다. "저희가 주의 집의 살진 것으로 풍족할 것이라 주께서 주의 복락의 강수로 마시우시리이다 대저 생명의 원천이 주께 있사오니 주의 광명 중에 우리가 광명을 보리이다"(시 36:8-9).

우리는 또한 설교 자체에 대한 우리의 태도를 생각해 볼 필요가 있다. 만일 설교하는 것이 참으로 예배의 한 행위라면, 그 때는 설교 자체가 주님께 드리는 우리의 제사가 된다. 그리고 우리는 그분께 우리의 가장 좋은 것을 드리기를 원한다. 다윗처럼 우리는 "내가 여호와께 드리려고 네 물건을 취하지 아니하겠고 값 없이는 번제를 드리지도 아니하리라"(대상 21:24)고 확언한다. 첫 번째의 문장은 우리가 표절하지 못하도록 하며 두 번째 문장은 게으름을 나무란다. 구약적 섭리하에서는, 제단에 드려지는 각각의 제사를 주의 깊게 하여 예배자들이 자기 자신을 위하여 가장 좋은 것을 가져오게 하며 흠 있는 것들을 주님께 드리지 못하도록 하였다(말 1:6-9). 이런 일은 서재 안에서도 일어날 수가 있다. 요구 사항들이 많고 해야 할 일이 산적된 주간들이 있으며 우리는 설교 준비에 우리의 가장 좋은 것을 바칠 시간적 여유를 갖지 못한다. 그러나 주님은 그 모든 것에 대해 알고 계시며 또 여전히 우리를 도우실 것이다. 우리가 부적절한 제물을 가지고 제단으로 가는 때는 우리에게 시간이 있는데도 그것을 현명하게 사용하지 않을 바로 그 때이다. 우리는 말씀 연구를 부지런히 하자. 왜냐하면 우리가 최선을 다했을 때도 우리는 여전히 무익한 종처럼 느껴지기 때문이다.

마지막으로, 그러나 이것이 가장 덜 중요한 것은 아니다. 우리는 회중을 향한 우리의 태도를 고려해야만 한다. 아더 택마니스(Arthur Teikmanis)는 "역동적인 설교는 기본적으로 예배적 상황에 있는 목회적 돌봄이다"라고 말하였다. [3] 우리는 사람들이 하나님을 보다 더 분명하게 보고 그분을 보다 더 신실하게 예배할 수 있게 할 메시지들을 설교하기 원한다. 주님께서 "높이 들리우신" 모습을 보는 것은 그들이 모든 문제를 풀고 신앙의 새로운 발걸음을 내딛는 첫 걸음이 되는데, 우리는 양들로부터 주님께서 주시는 그 선물들을 빼앗게 되지 않기를 원한다. 하나님의 백성들 앞에 서서 하나님의 메시지를 선언하는 것은 황공한 일이다.

우리가 전하는 메시지와 우리가 그것을 전달하는 방식은 그들로 하여금 우리가 그들을 사랑하는가 아닌가를 알게 만들 것이다. 우리가 그들의 필요들을 알고 있으며 진실로 그들을 위하여 염려하고 있는지를 알게 만들 것이다.

예배자로서 회중을 지도하기

설교를 할 때 자신을 그들의 회중보다 높게 만드는 사역자들은 요한 웨슬레가 1738년 11월 8일자 일기 초두에서 표현한 태도를 배양할 필요가 있다. "저녁에 나는 바싱쇼 교회에서 나의 동료 죄인들에게 긍휼을 선포하였다..." [4] 회중과 자신을 동일시하는 것은 중요하다. 왜냐하면 비록 사역자들이 목자로 지명된 자들이긴 하나 그들은 또한 우리 속에서 사는 양들이기 때문이다. 우리는 만일 우리가 성전에서 우리 소리를 듣는 사람들의 마음에 감명 주기를 바란다면 서재 안에서 우리 자신의 마음에 먼저 설교를 해야만 한다. 최근에, 설교자들은 설교하러 강단으로 올라가기 전에 회중 가운데서 사람들과 함께 앉아 있기 시작하였다. 나는 진정으로 그런 관례를 칭찬하고 싶다. 만일 목회자들이 또한 예배 지도자들 역할을 한다면, 그들은 이런 일은 할 수가 없을 것이다. 그러나 그들은 같은 예배자들과 같은 죄인들로서 회중을 지도하고자 애를 쓸 수 있을 것이다.

예배의 분위기는 침착하면서도 희락이 있어야 한다. 이는 시편 기자가 다음과 같이 썼을 때 염두에 두고 있던 상태이다. "여호와를 경외함으로 섬기고 떨며 즐거워할지어다"(시 2:11; 그리고 97:1; 99:1을 보라). 제 정신을 가진 기독교인이라면 주님의 것들을 신중하게 대할 것이나 너무 엄숙하여 기쁨을 표현하지 못하게 되지는 않을 것이다. 예배 가운데서 우리를 인도하는 사람들 – 여기에는 설교자가 포함된다 – 은 성소가 변하여 극장이 되고 예배가 변하여 오락이 되지 않게 세심히 유의해야만 할 것이다. 성경에서 하나님을 만난 사람 치고 크게 비웃으며 흩어진 사람들은 없다.

예배자로서 설교하기

제임스 데니(James Denney)가 이것에 대해 아주 잘 표현하였다.

> 만일 교회 안에서 하는 설교가 제대로 되어진 것이라면 – 만일 그것이 설교자를 드러내게 하는 것이 아니라 예수님을 나타내 보이는 것이라면 – 그 안에는 예배와 비교될 만한 것은 그 어디에도 전혀 없어야 한다. 그러나 현실은 그 정반대이다. 하나님의 말씀을 듣는 것보다 더 진실하게 예배로 묘사될 수 있는 것이 무엇인가? 그 설교를 제대로 들으며, 인내심을 갖고 들으며, 듣고는 잘못을 돌이키고, 믿음과 자기 정화를 가져오며, 새롭게 순종하겠다고 다짐을 한다면 말이다. 만일 이것이 신령과 진정으로 예배하는 것이 아니라면, 무엇이 예배이며 설교는 무엇이란 말인가? 그 무엇이 설교이겠는가?[5]

언젠가 우리는 말뿐 아니라 우리가 들은 것에 대해서도 심판을 받게 될 것이다. 그러므로 우리 모두는 주님의 훈계에 유의할 필요가 있다. "그러므로 너희가 어떻게 듣는가 스스로 삼가라"(눅 8:18). 제 1세기의 회중들은 말씀이 공적으로 읽혀지고 전해질 때 주의해서 귀를 기울여야 했다. 왜냐하면 사람들이 성경의 복사본들을 가지고 있지 않았으며 메시지를 녹음할 장비도 전혀 없었기 때문이다. 우리는 오늘날 우리 교회 안에 성경을 가지고 있으며 녹음 장치도 되어 있다. 따라서 우리는 실제로는 설교에 귀를 기울이는 일을 연기하고자 한다. 그러나 우리가 고속도로를 달리거나 공원 주변을 조깅하면서 설교 카세트에 귀를 기울이는 것은 예배의 상황에서 귀를 기울이는 것과는 똑같지가 않다. 나는 사람들이 녹음된 메시지에 귀를 기울이는 것에 반대하는 것이 아니다. 다만, 직접적인 메시지가 아닌 간접적으로 듣는 메시지가 다른 사람들과 함께 사모하는 맘으로 예배드리면서 귀를 기울일 때 설교자로 통해 직접적으로는 구두로 전달되는 말씀의 즉각적인 효과를 잃게 될까봐 걱정하는 것이다.

사람들은 예배자로서 귀를 기울이는 법을 배울 필요가 있다. 학생과 비평자의 자세로 귀를 기울여서는 안 된다. 그런 사람들은 개요를 받아 적느라 너무 바빠서 메시지를 완전히 놓치게 된다. 설교 중에서 설교 자체로 관심을 이끄는 것은 무엇이나, 그리고 우리의 현명한 개요들과 여담들을 포함하고 있는 것은 그 무엇이나 사람들의 관심을 하나님의 말씀으로부터 멀리 하게 할 것이다. 그리고 그것은 설교의 목적을 헛되게 한다. 우리가 하나님의 진리를 전할 때, 우리는 만군의 주님의 존전에서 하는 것처럼 전해야만 한다. 왜냐하면 하나님께서 귀를 기울이시고 있기 때문이다. 우리가 말하는 말들과 우리가 그 말들을 하는 방식이 주님께는 제물이 된다. 그러므로 우리는 그분께 우리의 가장 좋은 것을 드리기 원한다.

휴 라티머(Hugh Latimer)는 영국의 왕 앞에서 설교 해야 했다. 그가 궁전으로 향해 가는 동안, 그는 자신의 귀에 "라티머! 라티머! 오늘 네가 설교하는 내용에 유의하라! 너는 영국의 왕에게 설교를 하게 될 거야"라고 말하는 소리가 들리는 것 같았다고 말하였다. 그러나 그때 그는 또 다른 음성이 다음과 같이 말하는 것을 듣는 듯하였다. "라티머! 라티머! 오늘 네가 설교하는 내용에 유의하라! 너는 만왕의 왕 앞에서 설교를 하게 될 거야!"[6]

만일 우리가 준비하고 선포할 때 그것을 염두에 둔다면 우리의 설교는 진실로 예배의 한 행위가 되어 하나님께 영광을 돌리게 될 것이며 하나님의 백성에게 덕을 끼치게 될 것이다.

제9장

우리는 하나님의 권능에 의지하여 설교한다.

성령께서 우리를 능하게 하시는 것은 우리로 하여금
특이한 성도들과 성공적인 설교자들이 되게 하기 위함이 아니라,
우리가 그 분의 말씀에 순종하게 되며 예수 그리스도를
드러낼 수 있게 하기 위함이다.

제9장
우리는 하나님의 권능에 의지하여 설교한다.

We Preach Depending on God's Power

"일반적인 것이든 특별한 것이든 간에 공적 예배 행위를 위하여
그리고 설교를 위하여 우리가 모든 준비를 하였다면,
우리의 참된 성공 여부는 하나님의 영에게 의존되어 있다."
존 브로더스 〈설교의 준비와 전달에 대한 논문〉

"그 목회자는 강단을 재무장하게 된 것에 대하여 맥귀어 형제에게
감사하고 싶어할 것이다." 나는 이런 진술을 우리가 방문하고 있던
교회에 있는 찬송가 속에다 누군가가 남겨 둔 주보 가운데서 읽었다.
그리고 나는 즉시 맥귀어 형제에게 감사를 하였다. 내가 올라간 강단
이 재무장을 필요로 하는 경우가 여러 번 있었다. 왜냐하면 그 교회의
설교자가 권능을 잃었기 때문이었다.

우리가 제 아무리 재능이 있고 은사가 있고 잘 훈련을 받았다고 사
람들이 보아준다 할지라도, 말씀을 전하는 우리는 혼자서 그렇게 할
수 없다는 것을 알고 있다. 나는 다시 바울의 질문을 인용하고자 한
다. "누가 이것을 감당하리요?" (고후 2:16). 우리는 한 번 이상 "나는

감당할 수가 없습니다!'라고 고백해 왔다. 예수님께서 "나를 떠나서는 너희가 아무 것도 할 수 없음이라"(요 15:5)고 말씀하셨을 때, 그분은 우리에게 말씀하고 계셨던 것이다. 그리고 우리는 우리의 슬픈 경험으로부터 그분의 말씀의 진실성을 배웠다.

비유를 들으라! 한 사역자가 설교 약속이 있어서 가고 있었는데, 사단이 거기에 먼저 가 있었다. 소개된 설교자로 가장하고 사단은 강단에 서서 본문을 읽고 난 후 정통적인 기독교 설교를 하였다. 설교자가 예배 후에 사단을 만나서 물었다. "너는 정통적인 교리를 설교하는 일이 두렵지 않더냐?" 그러자 사탄이 대답했다. "전혀 그렇지 않습니다. 왜냐하면 나의 설교는 그 누구에게도 영향을 미칠 수가 없었으니까요. 당신이 알다시피, 나는 성령의 기름 부으심을 전혀 받지 못했거든요."

성령의 권능

사역을 하는 중에 공중 앞에서 "빈손으로" 여행하고자 애쓰는 것만큼 불안하고 낙담되는 일은 없다. 그런데 우리가 강단에서 기름 부으심을 받지 못할 때 그런 일이 발생한다. 나는 토우저(A .W . Tozer)씨가 다음과 같이 말하는 소리를 들은 적이 있다. "만일 하나님께서 이 세상에서 성령을 취하여 가신다 할지라도 교회가 하고 있는 일의 대부분은 그냥 그대로 진행되어질 것입니다. 그러나 아무도 차이를 발견하지 못할 것입니다." 나는 그 말에 동의하면서 고개를 끄덕였으나, 그 말을 기억하고는 속으로 울었다. 그 이외의 그 무엇으로 인하여 오늘날 우리의 교회들이 유명하게 되었을는지 모르나, 우리는 영적 권능의 저장소들로서 특히 인정을 받지는 못하고 있다. 초대 교회는 신자들이 성령에 의하여 힘을 얻었고 그리스도를 위한 사랑에 의하여 동력을 얻었으므로 모두 당당히 앞으로 나아갔다. 그러므로 우리 교회들이 오늘날 그들의 모범을 따르지 못할 이유가 하나도 없다.

하나님은 우리를 저버리기 위해서 자신의 종들을 모병(募兵)하신 것은 아니다. 그분은 그분께서 우리가 하도록 부르신 그 일을 위해서 우리를 능력 있게 만드시고 장비를 갖추도록 만들고 싶어하신다. 그분께서 미디안 사람들과 싸우도록 기드온을 보내시기 이전에 주님은 그 겁에 질린 농부에게 성령을 입혀 주셨다(삿 6:34). 예수님은 그분의 잉태와 탄생 시부터(눅 1:35) 십자가에서 돌아가실 때까지, 그리고 그분의 사역 전체를 통해서(행 10:38) 성령에게 의존하셨다(히 9:14). 그분은 자기 제자들에게 그들이 먼저 "위로부터 능력을 입히울 때"(눅 24:49)까지는 그들 자신의 사역을 시작하지 말라고 훈계하셨다.

사도행전 1장의 교회는 "닫힌 문의 교회"이다. 그 묘사는 오늘날의 보통의 교회에 대한 것이다. 교제를 향유하고, 기도하고 성경을 찾아보며 직분자들을 선발하는 교회이다. 그러나 성령께서 오순절에 신자들을 충만케 하셨을 때는, 문들이 열리게 되었으며 하나님의 교회는 도시와 세상에 영향을 미치기 시작하였다. 성령께서 하나님의 백성들에게 권능을 주실 때 성령께서 가져오시는 차이를 알기 위해서는, 사도행전 1:12-26과 사도행전 2:42 - 47을 비교하라.

무장시키기

우리가 설교할 때 성령께서 어떻게 우리를 도우시는가? 우선, 그분은 우리의 소명을 주시며 은사를 주어 무장시키시는데 그 은사들은 그분께서 우리가 가지고 사용하시기를 원하시는 것들이다. 수년 전에 토레이 존슨(Torry Johnson)박사가 나에게 "하나님께서 복주시고 계속 그것을 지속하시도록 당신이 해야 할 한 가지를 찾아보시오"라고 얘기했다. 당신의 설교 은사가 한 전도자의 그것인가? 그렇다면 당신이 가능한 대로 그것을 광범위하게 쓰되 새 회심자들을 가르치며 투쟁 속에서 살아가는 그들을 격려하기를 게을리 하지 말라. 당신은 선생으로서 은사가 있는가? 그렇다면 양들과 어린 양들을 먹이되, 항상 사람들에게 복음을 나눠 주며 그들에게 구원받는 법을 일러 주도록 하라. 당신의 강단 사역이 주로 권면인가? 그렇다면 성령의 권능 안에서 권면하되, 항상 교리에 기초하여 의무를 이행하고 항상 그리스도를 봉사와 거룩한 삶의 동인(動因)으로 삼도록 하라.

계몽하기

성령은 또한 우리가 연구할 때 말씀을 이해하도록 우리를 도우신다. 하나님은 교회에게 교사들을 주셨다. 그리고 우리는 그들의 말을 들을 필요가 있으며 그들이 써 놓은 것을 읽을 필요가 있다. 그러나 궁극적으로는 성령만이 하나님의 진리가 우리의 삶과 사역에서 깊은 의미를 가지도록 만드실 수가 있다. 우리는 "사람의 가르침"이 아니라 "성령의 가르침"을 원한다. 학자들이 책에다 써 놓은 것을 읽는 것은 좋다 – 그리고 나는 끊임없이 그렇게 한다 – 그러나 성령께서 우리 마음을 밝히도록(엡 1:15-23) 허용하며 진리를 마음에다 써 놓으시도록(고후 3:1-3) 허용하는 것도 좋은 일이다. 다른 사람들이 우리가 배우도록 무엇을 써 놓았든지간에, 성령으로부터 가르침을 받는 사역자의 사역에는 신선함이 있다. 그에게는 하나님의 기름이 그의 머리 위에 부어져 있는 특징이 있다. 로버트 머레이 맥체인(Robert Murray M' Cheyne)은 그의 설교 원고의 여백에다 "주여, 도우소서!"라고 써 놓음으로써 자신에게 자신이 설교하고 있는 동안에도 성령의 권능을 위하여 하나님께 부르짖어야 할 것을 상기시키곤 하였다고 한다.

성령께서 서재 안에서 우리를 가르치셨을 때 강단으로부터 나오는 메시지는 성경에 충실하게 될 것이며 예수 그리스도를 높이게 될 것이다. 예수님은 성령에 대하여 "그가 내 영광을 나타내리라"(요 16:14)고 말씀하셨다. 그러므로 그 설교가 제 아무리 명석하고 설득력이 있다 할지라도, 만일 예수께서 영광을 받으시지 않는다면 그 메시지는 성령께서 주신 것이 아니거나 성령 안에서 전달된 것이 아니다. 성령께서 가르치시고 도와주실 때 우리의 메시지는 또한 균형을 이루게 될 것이다. 교리와 의무, 특권과 책임들, 개인적 신자와 교회 전체, 덕을 세우는 일과 전도하는 일, 믿음과 행위들이 균형을 이룬다. 한층 더 나아가서, 사역자는 사람들에게 성경의 여러 부분으로부터 균형 잡힌 음식을 제공하게 될 것이다. 모든 성경은 영감으로 된 것이어서 "모든 단어"는 우리의 영적 영양에 필요한 것이다(마 4:4). 자기가 좋아하는 책들과 본문들만을 읽고 성경의 전체의 규모를 무시하는 설교자는 불순종하는 종이다. 그는 사람들로부터 필요로 하는 영양분과 귀중한 보물을 빼앗고 있는 것이다.

능력 있게 만들기

우리 대부분은 메시지를 전하기 위하여 성령의 권능에 대해 관심을 두고 있다. 나는 제 2장에서 이것에 대해 이야기하였다. 우리는 우리 메시지가 "말로만 너희에게 이른 것이 아니라 오직 능력과 성령과 큰 확신으로 된 것이기"(살전 1:5)를 원한다. 그러나 우리는 우리가 능력과 성령을 분리시키지 않게 되도록 유의할 필요가 있다. 성령은 인격이시다. 따라서 그분이 주시는 능력은 모두 우리가 그분과 관련을 맺은 결과이다. 만일 우리가 그분의 사역을 원하는 것이 단지 우리가 훌륭한 설교를 하는 일에 성공할 수 있게 되기 위함이라면, 그 때 우리는 아마도 낙담하게 될 것이다. 그것은 신부에게 "나는 당신을 합법적으로 결혼한 나의 살림 관리인으로 받아들입니다"라고 말하는 신랑과도 같다.

자기 종들에 대한 성령의 사역은 메뉴에 따른 것이 아니다. 만일 우리가 우리 설교에 대하여 성령의 충만함을 원한다면, 우리는 성령과의 성숙한 관계를 배양해야만 한다. 그분의 인격과 사역의 모든 국면에서 그리고 우리 일의 모든 분야에서 그렇게 해야 한다. 나는 성령께 내게 권능을 주셔서 메시지를 전하게 해 달라고 요구할 권리가 없다. 내가 준비하도록 그분께서 도우신 적이 없는, 그리고 내 자신의 삶 속에서 내가 순종한 바가 없는 그런 메시지를 전하는 일에 도움을 청할 권리가 없다. 한 주일 내내 성령의 사역을 무시하고 난 후에 주일 아침에 그분의 도우심을 위해 탄원하는 것은 위험천만하게도 주님을 시험하는 일에 가까운 것이다.

성령의 인격과 사역에 대한 책들을 읽고 "성령 충만으로 가는 다섯 가지 단계들"이나 "성령의 권능을 받는 열 가지 단계들"을 발견하게 되는 일은 흥미 있는 일이다. 그런데 그것이 무엇인가? '바람은 임의로 분다'(요 3:8). 그러므로 한 신자가 자신의 경험이 다른 사람들의 삶 속에서 복제되어야만 한다고 가정하는 것은 위험하다. 한 가지가 분명하다. 성령은 하나님을 목마르게 찾고 그리스도를 영화롭게 하며 그분을 증거하기 원하는 모든 사람에게 능력을 주시며 그런 사람들을 사용하실 준비가 되어 있으시다는 것이다. 기독교인의 전기(傳記)는 충만함의 정점으로 인도하는 모든 과정은 신자와 하나님 사이의 관계에 있으며 그 어떤 경험들도 서로 동일하지 않다는 것을 분명하게 해 준다.

하나님은 그분의 영광을 위하여 겸비하게 사용되기를 원하는 깨끗하고 사용 가능한 그릇들을 충만케 하신다. 하나님은 우리에게 성령으로 충만하라고 명령하신다(엡 5:18). 그리고 그분의 계명들은 여전히 그분께서 가능케 하시는 것들이다. 우리가 성령으로 충만한지를 어떻게 알 수 있는가? 바울에 의하면, 성령 충만한 신자는 즐거워하며(19절), 감사가 넘치며(20절), 복종하는데(21절), 이 복종은 먼저 우리 집안에서 현시되어져야만 한다.

하나님의 말씀의 권능

우리는 하나님의 영으로 충만해야 할 뿐만 아니라 하나님의 말씀으로도 충만해야 한다. "그리스도의 말씀이 너희 속에 풍성히 거하고"(골 3:16). '너희'라는 대명사는 복수형이다. 바울은 개교회 회중 가운데서 말씀이 선포되어지고 받아들여질 때 그 말씀으로 인한 교회의 부요를 묘사하고 있다. 그런데 몇몇 교회들은 전통이 부요하나 말씀에 대해서 말하자면 가난으로 찌들어 있다. 신자들이 가지고 있는 동일한 특징들이 에베소서 5장에서는 말씀으로 충만한 교회들을 묘사하고 있다. 그들은 즐거워하며(16절하), 감사가 넘치며(16하-17절), 복종한다(18-25절). 하나님의 영은 하나님의 말씀을 사용하심으로써 그분의 목적들을 성취하신다. 그분은 진공 가운데서 일하시는 것이 아니다.

말씀 충만으로부터 동떨어진 채 성령의 충만을 추구하는 것은 위험하다. 왜냐하면 성령은 말씀을 쓰셨으며 그 말씀은 그리스도를 계시하기 때문이다. 성령께서 우리를 능하게 하시는 것은 우리로 하여금 특이한 성도들과 성공적인 설교자들이 되게 하기 위함이 아니라 우리가 그분의 말씀에 순종하게 되며 예수 그리스도를 드러낼 수 있게 하기 위함이다. 성경을 무시하거나 성경에 위배되는, 성령에 대한 그 어떤 "경험"도 즉시 의심할 필요가 있는데, 이는 우리가 스스로 성령으로 충만하다고 생각할 때 다른 영들에 의하여 우롱당하고 있을 가능성이 있기 때문이다. 동시에, 성령 충만의 경험으로부터 동떨어져서 성경을 연구하는 것도 위험하다. 왜냐하면 만일 우리가 배운 것을 우리가 실천하고자 할 경우 우리는 성령의 권능이 필요하기 때문이다. 참된 성경 연구의 표지는 큰 머리가 아니다. 그것은 불타는 가슴과 순종적인 의지이다.

우리가 연구하고 설교할 때, 우리는 말씀에 굴복해야 하며 성령의 권능을 믿어야만 한다. 먼저는 우리 자신의 삶 가운데서 그렇게 해야 하고 다음에는 다른 사람의 삶 가운데서 그렇게 해야 한다. 말씀은 여전히 "살았고 운동력이 있으며"(히 4:12) 이 땅에서와 그분의 백성들의 삶 속에서 하나님의 목적들을 성취한다.

기도하는 교회의 권능

당신이 사도행전을 읽을 때, 의사 누가가 여러 가지 목적들을 염두에 두고 그 책을 썼다는 것을 곧 발견하게 될 것이다. 한 가지 목적으로는, 사도행전은 1:8에서 요약하고 있듯이 교회의 지질학적인 팽창을 묘사하고 있다. 예루살렘과 유대(1-7장), 사마리아(8장), 그리고 땅 끝(9-28장)이다. 누가는 또한 교회의 숫자적 성장을 보도하고 있다. 오순절날 회심자가 삼천 명에 이른 것으로부터 시작하여(2:41) 바울이 에베소에서 괄목할 만한 사역을 한 것으로 끝이 나는데, 후자는 온 소아시아 지역에 영향을 주었다(19:20).[1] 그러나 누가는 또한 이런 믿을 수 없는 팽창과 증가의 비결에 대해서 배후에 역사하신 성령의 권능에 대해서도 설명한다. 왜냐하면 사도행전에서는 기도하는 개인들이나 회중들에 대한 언급이 적어도 35번이나 등장하기 때문이다.[2]

그들의 사역이 그들의 교인들에 의하여 기도 가운데서 신실하게 지지를 받고 있는 사람들은 복된 사람들이다! 기도하는 회중은 하나님의 권능이 오늘날에도 여전히 역사하고 있다고 믿기 때문에, 그들은 회집할 때에 성령께서 역사해 주실 것을 기대한다. 나의 순회 사역에서, 여러 교회에서 평신도 집단들이 나에게 손을 얹고 하나님의 도우심을 구하는 기도를 진지하게 한 다음에 예배가 진행되는 동안 시종 함께 거하면서 하나님의 복을 위하여 도고해 주었다는 것은 마음을 시원하게 하는 일이었다. 몇몇 교회들은 기도의 목사를 직원으로 두기도 하고 기도하는 팀을 두기도 하는데, 모두 회중으로 하여금 기도하는 사람들이 되게 격려하기 위함일 뿐이다. 일주일 내내 그들은 여러 집단들이 기도 모임을 가지도록 돌보며 특별한 필요들을 그들에게 계속해서 알려 주는 일을 담당한다. 여기저기서 당신은 24시간 기도 모임들을 갖는 회중들을 발견하게 될 것인데, 그 회원들은 특별한 시간 동안에 도고를 올리겠다는 다짐을 하곤 한다. 그리고 우리는 또한 정기적인 기도회들을 계획하고 있는 교회들이 점점 더 많이 늘어나고 있다는 소식을 접한다.

"강단을 재무장하는" 가장 좋은 길은 사람들로 하여금 기도하게 하는 것이다! 이 일에는 시간이 걸릴 것이며, 원수는 우리가 노력하지 못하도록 끊임없이 항거할 것이나 우리는 기도하는 교회를 일으켜야만 한다. 교회가 기도하는 사람들로 채워질 때는 설교자가 서재 안에서, 그가 직접적으로 목회 사역을 하는 동안에, 그리고 특별히 강단에서 말씀을 선포할 때 그 사실을 감지할 수 있을 것이다. "내 집은 기도하는 집이라 일컬음을 받으리라"고 예수님은 이사야 선지자의 말을 인용하시면서 말씀하셨다(마 21:13; 사 56:7). 그리고 그것이 기도의 집이 될 때 그것은 또한 성령이 능하게 하신 설교의 집이 되기도 할 것이다.

우리는 사람들을 가르쳐 하나님께 구하도록 해야 할 것이다. 우리가 말씀을 연구하는 동안 우리에게 지혜를 주시고, 우리가 메시지를 준비하는 동안 동정심과 용기를 주시고, 우리가 강단에서 진리를 선언하는 동안 명쾌함과 담대함을 주시도록 기도하도록 사람들을 가르쳐야 할 것이다. 그들은 우리가 하나님의 말씀을 연구하고 기도하는 데 헌신하기 위하여 필요한 시간을 낼 수 있게 되도록 기도해 주어야 할 것이다(행 6:4). 그리고 우리가 설교를 위하여 주님의 마음을 살피는 동안 성령의 인도를 받을 수 있게 해 달라고 구해야 할 것이다. 만일 우리가 교인들에게 기도하도록 가르친다면, 그들은 그들이 예배를 위하여 회집할 때와 그들이 메시지에 귀를 기울일 때도 기도하게 될 것이다. 그렇게 되면 주님께서 일하실 것이다.

경건한 인격의 권능

사역은 우리가 하는 '일'이 아니라 오히려 우리의 '존재'라고 앞에서 지적하였다.[3] 은사들과 능력들은 분명히 중요한 것들이나 경건한 인격이 필수적이다. 만일 설교자들과 교사들이 하나님의 사람들이 되고자 심각하게 노력하고 있지 않다면, 성령은 괴로워하실 것이며 능력은 감퇴되고 결국은 제거될 것이다. 사사 삼손과 사울 왕은 둘 다 이 진리를 예증해 준다. 비록 주님께서 그들 각자에게 얼마간의 극적인 성공을 주시긴 했지만, 둘 다 하나님께 불순종하였으며 결국 하나님의 권능과 복을 잃어 버렸다. 주님은 사울 왕으로부터 그분의 영을 거두어 가셨으며(삼상 16:14), 삼손으로부터는 그분의 권능을 거두어 가셨다(삿 16:18-20). 그리하여 둘 다 비참한 죽음을 당하였다.

로버트 머레이의 말들은 그가 1840년대에 그 말을 썼을 때처럼 오늘날에도 여전히 사실이다.

> 당신은 하나님의 칼 – 그분의 도구 – 이라는 것을 기억하라. 나는 주님께 선택된 그릇은 그분의 이름을 지니게 되리라고 신뢰한다. 성공은 큰 규모로, 그 도구의 순결성과 완전함에 따라서 이루어질 것이다. 하나님께서 주시는 복은 위대한 재능들이 아니라 오히려 예수님을 위대하게 닮는 인격이다. 거룩한 사역자는 하나님의 손에 들린 무시무시한 무기인 것이다. [4]

리차드 박스터(Richard Baxter)는 거의 이백년 이전에 그것을 이런 식으로 표현하였다.

> 오 나의 형제들이여, 당신의 모든 설교와 다른 사람들에 대한 설득은 그 일이 당신 자신의 가슴에서 철저하게 이행되기 전까지는 허망한 꿈과 사악한 위선에 지나지 않게 될 것입니다. [5]

아멘 아멘!

제10장

우리는 하나님께서 우리에게 주시는 메시지를 설교한다.

당신은 하나님께서 주시는 메시지를 전해야 한다.
설교자들의 특별한 관심사들 중 하나는 주님께서 꼭 그들이 말하기를
원하시는 것이 무엇인지를 매주 분별해 내는 통찰력을 갖는 일이다.

제10장
우리는 하나님께서
우리에게 주시는 메시지를 설교한다.

We Preach the
Message God Gives Us

"일어나 저 큰 성읍 니느웨로 가서

내가 네게 명한 바를 그들에게 선포하라 하신지라."

주님께서 욘에게 (요나 3:2)

구약성경 기록이 전하는 범위 내에서, 선지자 요나에 대하여 칭찬할 만한 것 한 가지는 그가 하나님께서 자신에게 주신 메시지를 전하였다는 점이다. 비록 그가 마지못해서 그리고 분개하는 마음을 품고서 그 일을 하기는 했다고 할지라도 말이다. 그러나 하나님의 지정하신 메시지를 전함에 있어서 요나는 그의 앞에 있던 선지자들의 전철을 밟고 있었을 뿐이었다. 왜냐하면 그들이 "여호와께서 이같이 말씀하시니라!"고 말할 수 있었던 것은 하나님의 참된 선지자의 표지들 중의 하나였기 때문이다. 꿈 속에서 자신의 설교를 조작해 내거나 남의 설교를 도적질해야만 했던 거짓 선지자들과는 달리(렘 23:25-32), 참된 선지자는 그의 가슴 속에서 불타는 하나님의 메시지를 가지고 있었으며 그들은 그것을 주님의 이름으로 두려움 없이 선언하였다.

그러나 선지자들과 사도들은 우리 설교자들이 오늘날 가지고 있지 못한 장점을 하나 가지고 있었다. 그들은 그들의 메시지를 하나님으로부터 직접 받았다. 하지만 우리는 성령께서 성경을 조명해 주셔서 주님을 따라 메시지를 간접적으로 받는다. 설교자들의 특별한 관심사들 중의 하나는 주님께서 그들이 꼭 말하기를 원하시는 것이 무엇인지를 매주 분별해 내는 통찰력을 갖는 일이다. 세상은 "우리가 무엇을 먹어야 하는가? 우리가 무엇을 마셔야 하는가?"라고 말하고 있지만 설교자들은 "우리가 무엇을 설교해야 하는가?"라고 말하고 있다.

인도

올바른 본문을 선택하는 데 있어서 일반적인 인도를 위하여, 우리는 하나님의 지도를 위해 기도하며 우리 스스로 세 가지 질문을 하여야 한다. (1) 주님께서 그분의 말씀으로부터 나 자신의 마음에 무슨 말씀을 하시고 계신가? (2) 사람들의 필요가 무엇인가? (3) 최근에 성경의 어떤 진리들이 나를 흥분시켜 왔는가? 이런 질문들은 우리의 습관이 매주 다른 본문을 선택하는 것이거나 일련의 주석적 강해를 설교하는 것이거나 간에 중요하다. 각각의 성경적 단락은 단 하나의 해석만을 가지고 있으나 각각의 단락은 하나 이상의 메시지와 적용을 산출할 수 있는데, 그것이 우리의 문제들이 시작되는 곳이다.

첫 번째의 질문은 절대 필요한 헌신 생활을 전제로 하고 있으며 우리가 말씀과 기도 가운데서 매일 시간을 보낸다고 가정하는 것이다. 우리가 하는 일은 우리가 사는 삶으로부터 흘러나오며, 우리 인생의 가장 중요한 부분은 하나님만이 보실 수 있는 그 부분이다. 만일 하나님께서 나에게 말씀하고 계시지 않는다면, 그분께서 어떻게 나를 통하여 다른 사람들에게 말씀하실 수가 있는가? 우리는 설교들을 뿜어낼 수 있는 저장소가 아니다. 우리는 생명수가 통과해 흘러갈 수 있는 통로이다. 앤드류 보나르(Andrew Bonar)는 자기 친구 로버트 머레이에 대해 다음과 같이 말했다. "처음부터 그는 다른 사람들을 그 자신이 먹고 살던 것으로 먹였다. 그의 설교는 어떤 의미에서는 그의 영혼의 경험의 전개였다. 그것은 내적 생명으로부터 나누어 주는 것이었다." [1]

두 번째의 질문은 목회적 일, 즉 우리가 제 4장에서 고려했던 주제를 전제로 하고 있다. 만일 어떤 강단 사역이 아주 포괄적이어서 그것을 다른 교회로 가져갔을 때도 꼭 맞아 들어간다면, 그 때는 그 사역에는 뭔가 그릇된 것이 있는 것이다. 나는 "사람들은 똑같은 사람들이며", "교회들도 매 일반이라"는 것을 알지만, 매주 낯선 사람들에게 설교하는 것이 어렵다는 것을 알 만큼 충분한 순회 사역을 하였다. 설교자들이 성전을 강연장으로 변화시키고 매주 주석적인 자료만을 쏟아놓으며 그들의 사람들의 필요들은 잊어버릴 때, 우리는 진실로 우리의 사역에서 새로운 하강기를 맞게 될 것이다. 양들을 돌보는 가운데서 목자들은 다음 주일 설교의 짐을 함께 지고자 하시는 하나님의 음성을 종종 들을 수가 있다.

세 번째의 질문은 성경적 진리를 연구하고 감히 새 분야의 진리를 개척하고자 하는 설교자를 전제로 하고 있다. 그는 유행에 의하여 현혹되지 않으며 최근의 이론들에 의해 사로잡히지 않는다. 이삭처럼, 그는 오래된 우물들을 다시 파지만 또한 새 우물들도 판다(창 26장). 하나님과 그분의 말씀에 대한 지식 안에서 자라가고 있는 설교자는 진리를 회중과 함께 나누는 일의 흥분을 발견하게 될 것이다. 중요한 것은 설교자들이 하나님께서 그들에게 주시는 새로운 진리들을 흡수하여 그것들을 자신의 신학적 구조 속으로 통합시키며 그것들을 그들의 일상 생활에서 실천할 시간을 내느냐 하는 것이다. "범사에 헤아려 좋은 것을 취하라"(살전 5:21). 결국 우리가 새로운 진리라고 생각하는 것은 오래된 거짓들이 새로운 이름을 가지고 나타나는 것일 수가 있기 때문이다.

주석적 연속 설교

무엇을 설교할 것인가 라는 문제에 대한 가장 쉬운 해결책은 연속 설교를 하는 것이다. 그러나 성경책들의 주석들이나 성경적 진리에 근거한 주제적 메시지들을 설교하는 것이 그 유일한 해결책은 아니다. 어쨌든 이 접근법에는 몇 가지 유익한 점들이 있다. 한 가지는, 당신이 주간 대부분을 설교할 무엇인가를 찾으면서 보내지 않아도 된다는 것이다. 당신은 당신이 진행하고 있는 방향을 알기 때문에 미리미리 일을 해 놓을 수가 있다. 그러나 당신이 메시지의 목적과 범위를 결정하고 자료를 충분히 준비해 가지고 있기 이전에는 주석적이든 주제적이든 간에 연속 설교를 하겠다고 선언하지 않는 게 현명하다.

목회 초기에 나는 출애굽기에 대한 연속 설교를 하겠다고 선언하였는데, 그것은 시작하자마자 좌초되고 말았으며, 나는 적지 않게 당황하였다. 나는 내가 용감하게도 다 끝낸 기독교 가정에 대한 연속 설교를 회상할 수 있는데, 그러나 그것은 두 번째 설교 후에 멈추었어야만 했던 것이다. 캠벨 모건(G . Campbell Morgan)은 자신이 성경의 책 한 권을 50번 내지 60번이나 읽고 난 후에야 그것을 분석하고 메시지를 전달할 준비를 갖추었다고 주장하였다.[2] 당신에게 도전이 될 만한 말일 것이다!

주석적 연속 설교의 또 다른 장점은 당신이 성경에 나와 있는 바로 그것을 설교하면 된다. 따라서 그 누구도 당신이 그들의 등 뒤에다 목표를 설정해 놓았다거나 그들의 죄를 고의적으로 골라내었다는 비난을 할 수가 없다는 점이다. 계속적인 주석을 하다보면 우리가 논쟁적이고, 개인적인, 그리고 어려운 주제들을 다루지 않을 수 없게 되지만, 바로 그런 방식을 통해서 설교자와 회중 모두가 자라게 된다. 세 번째의 장점은 당신이 사람들에게 여러 성경의 책들에 대한 지성적인 개관을 주는 한편 동시에 그 메시지를 목회적 방식으로 적용한다는 점이다. 많은 사람들은 성경에서 고립된 성구들과 장들을 알고는 있으나 책 전체를, 즉 성경 전체를 알지 못하고 있으므로, 주석적 메시지들은 그들에게 성경에 대한 보다 더 포괄적인 견해를 제공하는 데 도움이 된다.

그러나 주석적 연속 설교는 결점 또한 가지고 있는데, 그것들 중의 그 어느 것도 치명적이지는 않다. 그러나 당신은 그것들을 알아 둘 필요가 있다. 만일 연속 설교가 너무 길다면, 당신이나 회중 모두가 그것에 싫증을 느끼게 될 수가 있다. 그러므로 때때로 그것을 중단하고 식단에 균형을 맞추는 것이 현명하다. 사람들의 관심 집중 기간은 짧을 수가 있다. 따라서 모든 사람들이 다양성을 즐긴다는 것을 염두에 두도록 하라. 만일 주님께서 당신의 마음에 특별한 메시지를 주신다면, 연속 설교를 중단하고 하나님께서 당신에게 주시는 것을 설교하도록 하라. 당신의 눈을 달력에 두고 특별한 시기들을 인지하도록 하라. 특히 사순절이나 대강림절 같은 절기를 인지하라. 가끔 당신은 연속 설교를 중단하지 않고서도 특별한 날의 강조점을 연속 설교에 삽입할 수도 있을 것이다. 그러나 당신이 그 경우에 어울리게 하느라고 본문의 단락을 왜곡시켜서는 안 된다. 그리고 당신이 말씀을 연구하며 한 책 전체를 연이어 설교하는 것을 즐길 때라도, 교회에서 일어날 수가 있는 특별한 필요들에 대해서 눈을 감아서는 안 된다.

내가 5장에서 지적하였듯이, 우리는 몇몇 설교자들은 주석적 설교가 생리적으로 안 맞을 수도 있다는 사실을 인식해야만 한다. 그런 사람은 하나님께서 그들의 마음에 주시는 본문은 무엇이든지 매주 설교하는 것이 바람직하다. 챨스 스펄젼은 연속 설교를 한 적이 거의 없다. 그러나 그는 그의 설교와 관련된 정규 예배의 일부로 성경의 책들을 연속적으로 간결하게 주석하여서 많은 사람들의 호응을 받았다. 텍사스 달라스의 제 1침례 교회에서 조지 트루에트(George W. Truett)는 성경 본문 설교를 하였으나 성경의 책 전체를 곧바로 이어가면서 설교하지는 않았다. 한편 그의 후임자인 크리스웰(W. A. Criswell)은 성경을 한권 한권 석의하였다. 우리 자신의 시대에서 챨스 스윈돌(Charles Swindoll), 제임스 몽거머리 보이스(James

Montgomery Boice), 존 맥아더(John MacArthur), 그리고 버논 맥지 (J. Vernon McGee)는 그 누구보다도 모두 성경적 주석을 전공한 사 람들이다.

고려해야 할 또 다른 요소는 보다 더 큰 연속 설교의 일부이기는 하지만 각 메시지를 별개로 구분하는 것의 중요성이다. 모든 사람이 와서 연속 설교에서 모든 메시지를 듣는 것이 아니다. 그리고 많은 경 건한 사람들은 그들이 강단으로부터 들은 것을 다 기억하지 못한다. 설교자는 만일 그가 자신의 설교를 "이제 3주 전을 회고하면 그 때 우 리는 이 장을 시작하였습니다..."라는 말로 연다면 곤란에 처할 것이 다. 3주 전에 회중 가운데 없었던 사람들은 그 날 그 설교를 이해할 수 없을 것이라고 결론지을 수가 있기 때문이다. 그러므로 그들은 당 신의 말에 무관심하게 될 것이다. 3주 전에 거기 있었으나 그들이 들 은 것을 기억하지 못하는 사람들도 동일한 행동을 취하게 될 수가 있 다! 만일 그 설교 본문이 그 자체의 두 발로 설 수가 없다면, 이전의 본문들이 너무 길거나 너무 짧았던 것이었을 수가 있다.

주석자는 또한 조직적인 설교들을 꼭 준비해야만 할 것이며 단락 을 연구한 다음에 대충적인 주석을 시행해서는 안 된다. 그런 주석을 우리의 영국 친구들은 "성경 독파"라고 부른다. 가장 우수한 회중 가 운데서도 그들의 필요한 생각들을 걸 "나무들"을 또는 – 비유를 바꾼 다면 – 그들이 메시지를 집어들고는 집으로 가져 갈 때 쓸 "손잡이 들"을 필요로 하는 청자들이 있다. 메시지의 주안점들은 듣는 많은 사람들이 필요로 하는 생각들을 걸 수 있는 "나무못들"(무조건 걸 수 있는 것)과 "손잡이들"이다. 그러나 만일 우리가 하는 일이 이 구절에서 저 구절로 배회하면서 메시지에 분명한 형태를 주지 못하는 것뿐이라면, 사람들은 그들의 손을 얹어 놓을 것을 하나도 얻지 못하게 될 것이다. 나의 학생들 중의 몇몇은 캠벨 모건과 아이언사이드(H . A. Ironside)를 성공적인 주석가들로 지적하였는데, 그들은 구절 하나하나를 설교하였을 뿐 개요(槪要)는 전공하지 않았다. 그러나 만일 당신이 그들의 주석들을 읽는다면 당신은 그것들이 조직적인 형태를 갖추어 그들의 회중들에게 여행을 하는 중에 확실한 표지들을 제공해 준다는 것을 발견하게 될 것이다. 그들은 그들이 어디로 향하여 가고 있는지를, 그리고 어떻게 하면 거기에 도달하는지를 알고 있었다.

교회 역사를 연구해 보면 하나님께서는 종종 주석적 설교를 사용하셔서 길 잃은 사람들을 구원해 내셨으며, 성도들에게 덕을 더하셨으며, 교회에는 부흥을 가져다 주셨음을 알게 된다. 그러나 우리 모두는 하나님 앞에서 우리가 어떤 은사들을 가지고 있으며 하나님께서 우리가 그것들을 어떻게 쓰기를 원하시는지를 스스로 결정해야만 한다.

주제적 연속 설교

선한 것으로부터는 아주 많은 것들을 얻어낼 수 있으므로, 설교에서의 다양성은 중요하다. 게다가, 성도들이 성경이 교회의 건강과 안전에 중요한 어떤 주제들에 대하여 말하는 것을 듣는 일이 필요한 때들이 있기도 하다. 그러나 나는 한결같이 제목 설교만을 하라고는 추천하고 싶지는 않다. 한 가지 이유로는, 결국은 제목들이 바닥이 나게 될 것이기 때문이고, 당신의 가장 좋은 자료를 모두 한 설교에서 소진해 버리기 쉽기 때문이다. 만일 당신이 주의하지 않는다면, 당신은 유행을 따르게 되며 당신 자신의 생각들을 성경적 신학과 대치시키게 될 것이다. 짧은 기간의 연속적 제목 설교들을 보다 더 긴 주석적 연속 설교들 사이에다 끼워 넣을 수 있을 것이다. 또는 사람들이 변화를 필요로 한다고 당신이 판단하였을 때 그렇게 시행할 수도 있을 것이다.

우리는 우리의 성경적 자료를 그 주제를 취급하고 있는 단락들로부터 인출해 냄으로써 제목 설교들을 해석적 설교와 겸할 수가 있다.[3] 이것은 단순히 설교 요점들을 "본문으로 보증하는 것"보다 훨씬 더 나은 접근법이다. 내가 했던 것 중에서 가장 만족할 만한 연속 설교들 중의 하나는 인간적 고통의 문제에 대한 것이었다. 그 때 나는 다음과 같은 성경의 단락들에 초점을 맞추었다. 누가복음 13:1-9, 베드로전서. 1:1-9, 욥기, 로마서 5:1-11, 8:18-23, 고린도후서 1:3 - 11, 12:1-10. 이것은 나에게 한 주제를 설명할 수 있는 기회를 주는 한편 동시에 말씀을 상세히 해석할 수 있는 기회를 주었다.[4]

당신의 주제들을 선택함에 있어서, 당신의 회중이 모든 연령층의 갖가지 영적 발전 단계에 있는 사람들로 구성되어 있다는 것을 염두에 두라. 그리고 회중이 많아지면 많아질수록, 연속 설교들의 호소력도 틀림없이 보다 더 광범위해 질 것이다. "십대들과 함께 사는 것"과 같은 제목들은 주일학교에서 논의하는 것이 가장 좋지만, "깨어진 세상에서 온전하게 거하는 법"은 모든 사람을 감동시킬 주제이다. 만일 당신이 연속 설교를 위하여 한 생각을 얻었다면, 서류철을 만들기 시작하되 흥분이 증가함에 따라 거기다가 첨가시키도록 하라. 당신의 재료들 중의 몇 가지는 결국은 쓰레기통으로 들어가게 될 것이나, 당신의 사람들을 도울 수 있는 연속 설교 메시지들을 위한 기반 조성에는 충분한 자료로 남게 될 것이다.

자서전적 연속 설교들은 항상 문제가 없다.[5] 사실 자서전적 설교는 잘만 하면 그것이 설화, 신학, 그리고 실제적인 적용을 흥미 있는 방식으로 연합시키기 때문에 특별히 효과적이다. 성경은 자서전적인 책이다. 따라서 만일 당신이 정직하다면 성경 안에서 당신 자신을 만나는 일은 쉽다.[6] 성경은 영적 보화가 풍성한 보고여서 창조적인 설교자라면 그 안에서 대중의 호소와 성경적인 해석을 연합시키는 연속 설교에 대한 무한한 가능성을 발견하게 될 것이다.

앞에 있는 위험

우리는 너무 앞서 계획을 세워 성령께서 설교자와 사람들을 그분이 교회에게 말씀하고 싶어하시는 것에 대하여 준비시키실 기회를 뺏음으로 주님을 시험하거나 성령을 근심되게 하고 싶지 않다. 한 유명한 설교자는 그 교회 오르간 연주자에게 일 년 동안 할 자신의 설교 계획서를 건네 주고는 그대로 시행하기를 시작하였다! 물론 그는 오랜 동안의 강단 경험을 가지고 있어서 그것을 응용할 수가 있었으나, 그럼에도 불구하고 그는 그의 사역이 기계적이 되는 위험에 직면하게 되었다. 우리가 장기간에 걸친 설교를 전개할 때 얻게 되는 안전에 대한 감각은 만일 우리가 하나님의 복을 받아 설교하고자 할 경우 우리가 필요로 하게 될 의존성을 빼앗아 가버릴 것이다. 장기간 계획을 가지고 있음에도 불구하고, 그리스도가 없으면 우리는 아무 일도 할 수가 없는 것이다.

한편, 또한 우리가 미처 설교할 준비가 되어 있지 못한 연속 설교를 하겠다고 공표하는 데는 내가 이미 암시한 바 있는 위험도 있다. 조급한 공표들은 대개 미숙한 메시지들로 이어진다. 왜냐하면 옛날 격언이 말하는 것과 같이 "갑자기 하게 되면 겉핥기가 되기" 때문이다. 우리는 연속 설교들을 끝까지 생각해 볼, 그것이 어떻게 교회에게 적용될 것인지를 알아 볼, 그리고 관련 자료들을 모아 정리할 수 있는 시간적 여유를 가져야만 한다.

"교회력을 따라" 설교하기

이스라엘 사람들은 레위기 23장에서 "종교적인 달력"을 가지고 있었는데 각각의 해는 일련의 특별한 사건들을 축하하고 있다. 그 사건들은 그들에게 주님이 그들을 위하여 은혜스럽게 행하신 일을 상기시키는 것이었다. 교회는 구원사에 있어서 핵심적 사건들을 기념하는 그 자신의 "기독교적 달력"을 가지고 있다. 그리고 그 달력은 성구집에서 발견할 수 있다. 많은 목회자들은 그들의 매주 설교 본문의 선택을 위하여 성구집을 사용하는 것이 도전적이며 보상이 된다는 것을 발견하였다. 그것은 그들에게 매주 여러 가지의 연관된 단락들을 제공해 주며 그들은 주님께서 그들이 설교하기 원하신다고 스스로 느끼는 본문들을 선택할 수 있을 것이다. 만일 누군가가 성구집이 약간 너무 "고교회적"이라고 주장한다면, 나는 그것은 단순히 우리를 인도하여 구원사를 통과하게 하는 성경 단락들을 모아 놓은 것일 뿐이라고 대답하고자 한다. 그 구원사는 도로시 세이어즈(Dorothy Sayers)가 "지금까지 상연되었던 것 중에서 가장 위대한 드라마"라고 부른 것이다.[7] 한 해가 지나는 동안에, 그것은 회중으로 하여금 그리스도의 삶과 사역에 관심을 집중시킬 수 있게 하며 이런 사건들이 오늘날의 교회의 삶과 사역에 무엇을 의미하는지를 새롭게 발견할 수 있게 한다.

성구집을 사용하는 데는 여러 가지의 장점들이 있다. 한 가지는, 설교자가 낯설고 어려울는지 모르는 본문들을 고려하도록 격려한다. 그것은 설교자들과 회중들이 모두 영적으로 성숙하게 되는 길이다. 성구집을 사용하는 것은 또한 설교에 연속성을 주어서 우리는 설교 중에서 단으로부터 브엘세바까지 뛰어다니지 않아도 된다. 필립스 브룩스는 이런 유목민적 설교자들을 다음과 같이 묘사하였다.

> 당신은 결단코 질서 있는 교훈의 어느 경로의 시초에서 시작하여 끝까지 한 발짝씩 나아가지를 않는다. 당신은 갈매기처럼 진리의 바다 전체 위에 날아다니다가는 당신의 기분에 맞는 주제가 있는 여기 저기로 뛰어내린다. 그렇지 않으면 당신이 사람들과 갖게 되는 몇몇 우발적이고 피상적인 교제가 당신으로 하여금 대중이 필요로 할 것이라고 믿게 만드는 주제로 뛰어내린다. 다른 어떤 교훈도 그렇게 주어진 적이 없는데도 말이다.[8]

우리는 교회력 달력 전체를 통하여 설교함으로 교인들에게 하나님의 위대하고 은혜스러운 구원 계획에 대하여 일관적인 그림을 줄 수가 있다. 우리는 그들에게 새로운 것일 수가 있는 본문들로부터 그 일을 할 수가 있다. 우리는 기본적인 것들을, 기독교 신앙의 필수적인 것을 다루는 데 있어서 그 일을 체계적인 방식으로 할 수가 있다. 그것은 사람들을 교육시키는 좋은 방식이 아닌가? 물론, 이것은 우리가 성구집을 무턱대고 따라야 한다는 것을 의미하지는 않는다. 그것은 우리를 인도하는 나침반 역할을 한다. 우리의 모든 발걸음을 결정하는 것이 도로 지도 역할을 하는 것은 아니다. 사역에서 주로 성경책들의 해석에 노력을 집중하였다. 그러나 나는 나의 눈을 기독교 달력에게 고정시켰으며 교회가 구원사의 위대한 사건들을 축하하도록 도와왔다. 나는 해석적 연속 설교들이 너무 오래 이어지지 않도록 하려고 노력하였다. 그 책에서 자연스런 단절이 있을 경우 또는 달력이 그것을 요구할 경우는 나는 짧은 주제적 연속 설교들을 삽입하곤 하였다.

거룩한 날에서 휴일로

대부분의 설교자들은 교회 달력의 위대한 날들을 설교하는 데서 전혀 문제를 느끼지 않고 있다. 그러나 세속적이고 애국적인 휴일들에 이르면, 그들은 무엇을 해야 할는지 몰라 쩔쩔맨다. 우리가 어떻게 달력에 나와 있는 어머니날과 아버지날을, 사장들의 날을, 재향 군인들의 날을, 그리고 다른 많은 특별한 날들을 축하해야 하는가? 우리가 그 사건을 기념하는 설교를 해야만 하는가? 수년 동안 많은 교회들은 그들의 접근법을 바꿔 오면서 예배 초반에 그 날들을 인정하였으며, 아마도 특별한 연도(連禱)를 가지고 그 날들을 인식하였을 것이다. 그런 다음에 설교자는 자신의 마음에 있는 메시지는 무엇이든지 자유롭게 전할 수 있었다.

만일 당신이 그 날과 연계된 설교를 하도록 인도받았다고 느낀다면, 감상적이고 정치적인 것은 피하고 영적이고 실제적인 것에 주력하도록 하라. "나는 아버지날이나 어머니날에는 결코 교회에 가지 않습니다"라고 어떤 교회의 장로가 나에게 말한 적이 있다. 내가 그에게 그 이유를 물으니 그는 이렇게 설명하였다. "왜냐하면 어머니날에 설교자는 어머니들을 축복하고 아버지날에는 아버지들을 치는 설교를 하기 때문입니다." 그는 국경일에는 너무도 많은 설교자들이 아마추어 정치가들이 되어 정객들에게 나라를 더 좋게 만들기 위해서는 그들이 무슨 일을 해야 하는지를 말한다고 첨언했을 수도 있었을 것이다.

만일 당신이 특별한 날에 설교를 해야 한다면, 가장 현명한 접근법은 그 날에 관련된 중심적 진리에 집중하여 그것을 성경적 본문에다 붙들어 매고 본문을 설교하는 것이다. 성경에는 선하고 나쁜 통치자들과 시민들뿐만 아니라 선하고 나쁜 아버지들과 어머니들도 있다. 우리의 목표는 사람들이 좋은 기독교인들이 되도록 돕는 것이다. 왜냐하면 선한 기독교인들은 선한 배우자들, 부모들, 그리고 선한 시민들이 될 것이기 때문이다. 특별한 날의 설교에 관한 그의 빼어난 책에서 클로비스 채펄(Clovis Chappell)은 전도서 1:9을 본문으로 삼아 "견유학(犬儒學)파의 신년(新年)"에 대하여 설교를 하였다. 그리고 아버지날의 메시지를 위한 그의 본문은 사무엘하 18:33에 나오는 다윗의 탄식이었다. 어느 노동절 주일에 나는 "목수인 그리스도"에 대하여 설교하였으며 독립기념일에는 나는 로마서 13장을 석의하면서 "선한 시민이 되는 사역"에 대하여 말하였다. 우리는 이런 특별한 날들이 다가오고 있음을 안다. 그러므로 우리가 미리 우리의 숙제를 해 놓고 준비를 갖추지 않을 이유가 전혀 없는 것이다. 우리는 거룩해진 상상력을 사용하여 중심적 진리에 관심을 집중시키고 그것을 기독교 복음에 연관시켜야만 한다. 그러면 우리는 메시지를 가지게 될 것이다.9)

1941년 12월 7일에 피터 마샬(Peter Marshall)은 아나폴리스에 있는 해군 사관학교에서 해군 사관생도인 12월 졸업생들에게 설교를 하도록 계획이 잡혀 있었다. 그리고 그의 제목은 공포되었다. 그러나 그 전 주간에 그는 자신의 본문을 야고보서 4:14로 바꾸어야겠다는 느낌을 점차 크게 가지게 되었다. "너희의 생명이 무엇을 위하여 있는 것이냐? 그것은 물방울에 지나지 않아서 잠시 있다가는 사라져 가는 것이니라"(흠정역). 내키지는 않았지만 그는 그의 마음의 인도를 따랐으며 그 본문으로 설교하였다. 그가 그 날 오후에 집으로 운전해 오는데, 그는 그가 왜 그 메시지를 전하였는지를 알게 되었다. 진주만이 공격을 당하였으며 미국이 전쟁에 휩싸이게 되었다는 라디오 방송이 차 안에 있는 수신기를 통해 흘러나왔다. 그의 설교를 들었던 사람들은 곧 낯선 바다에서 생명의 위험을 무릅쓰고 싸우게 될 것이며 그들 중의 몇몇은 죽게 될 것이었다. 10)

하나님께서 당신에게 주시는 메시지를 전하라.

제11장

우리는
상상력을 가지고 설교한다.

당신의 상상력 개발을 두려워하지 말고 그것을 사용하라.
왜냐하면 성경은 영감으로 된 문학이기도 하지만
상상력이 풍성한 문학이기도 하기 때문이다.

제11장
우리는 상상력을 가지고 설교한다.

We Preach
with Imagination

"인간의 마음은 논쟁의 강당이 아니다.
철학자들은 당신이 그렇게 생각하도록 만들고자 할 것이다.
그러나 사실 그것은 하나의 미술관이다."
맥네일 딕슨

물론 훌륭한 설교는 도움이 되는 정보와 영적인 영감을 담고 있겠지만, 만일 그것이 흥미로운 것이 되며 인생을 변화시키는 힘을 갖고자 한다면 그것은 또한 창조적인 상상력의 산물이 되어야만 한다.[1] 우리는 하나님의 형상을 따라 만들어졌으며, 그것이 의미하는 바는 우리가 상상력이라는 귀중한 선물을 가지고 있다는 것이다. 하나님은 무한히 독창적이시지만 하나님에 대하여 말하는 우리 중의 몇몇 사람들은 서글프게도 우둔할 수가 있다. 그러나 우리는 창조적으로 될 수 있는 잠재력을 가지고 있다. 왜냐하면 상상력은 지성의 창조적인 부분으로 그것은 가능성들을 보며 그 가능성들을 실제적인 것으로 변화시키는 방법을 찾아내기 때문이다. 당신이 읽고 있는 책과 그

책을 제작하는 데 쓰인 컴퓨터는 모두 어느 누군가의 창조력 안에서
출발되었다.

장애물들

　매우 신실한 몇몇 사람들은 상상력이란 단어가 설교와 연관이 되
어 있다는 말을 들을 때 겁을 먹게 된다. 그런데 그런 불안에는 여러
가지의 이유들이 있을 수 있다. 아마도 그들은 "창작력"과 "공상"이
나 "가공의"라는 말을 동일시하기 때문일 것이다. 그리고 그들은 하
나님께서 주신 진리 대신에 사람이 만든 신화들을 설교하는 것을 경
계한 바울의 엄중한 경고를 기억하기 때문일 것이다(딤전 4:7, 딤후
4:4). 그러나 "상상력"과 "공상" 사이에는 커다란 차이가 있다. 상상
력은 진실한 세계에 침투하여 우리가 실제를 이해하도록 돕지만, 공
상은 실제를 벗어나거나 실제의 어떤 국면을 설명하고자 하는 시도
로 대체(代替)적인 세계 – 오즈의 꿈의 나라나 이승 – 를 만들어 낸다.
　이런 염려의 두 번째 이유는 사랑 받는 흠정역 성경에 정통함일 것
이다. 어떤 이유에서인지 역자들은 11개의 다른 히브리어와 헬라어
단어들을 "상상력"으로, 그리고 항상 사악한 의미를 함축하고 있는
것으로 번역하는 것이 알맞다고 보았다. 누가 노아 시대에 살고 있던
사람들의 묘사를 잊을 수 있겠는가? "여호와께서 사람의 죄악이 세
상에 관영함과 그 마음의 생각의 모든 계획이 항상 악할 뿐임을 보시
고"(창 6:5). 어렸을 때부터 흠정역을 읽어 온 사람들은 상상력이 항
상 사악하다고 믿지 않을 수가 없는데, 물론 그것은 옳지 않다. 이 세

상에 있는 몇몇 매우 선한 것들은 창조적인 상상력의 산물들이다.

아마도 인간의 상상력의 감정에 대한 주요한 장애물들 중의 하나는 많은 신자들이 성경을 문학으로 보지 못하는 것일 것이다. 그들은 질문한다. "무엇 때문에 사람이 성경을 읽고 연구하는 데서 상상력을 사용하기를 원하겠습니까?" "우리는 성경을 문자적으로 받아들이지 않습니까?" 그들은 성경이 비록 하나님에 의하여 영감된 것이기는 하지만 또한 대단한 문학적 걸작이라는 것을 잊고 있다. 성경에는 설화, 시, 잠언, 비유들, 그리고 다른 많은 문학적 형태들이 담겨 있다. 우리는 분명하게 문자적인 부분들을 영해하고자 하지 않지만, 또한 시편의 시들을 로마서 5장의 교리적 해석을 취급하는 것과 똑같은 방식으로 취급하지도 않는다. 만일 우리가 많은 은유들과 상징들과 비유들을 가지고 있는 성경을 진지하게 연구하고자 원한다면, 우리는 거룩하게 된 상상력이 필요하다.[2]

상상력에 대한 이런 부정적인 태도의 네 번째 이유는 오늘날 분석적인 설교를 강조하고 있다는 것이다. 이것을 사실 그대로 표현한다면, 많은 설교자들은 성경을 성경이 쓰여진 방식대로 설교하지 않고 있는 것이다. 그들은 모든 단락을 동일한 방식으로 분석하고 개설하며 그들이 연구하고 있는 본문의 문학적 장르를 구분하지 않는다. 성경이 말하는 내용은 극히 중요하지만, 성경이 그것을 어떻게 말하고 있는가도 또한 중요하다. 성경 안에서 말하는 자들과 성경을 쓴 사람들은 영적인 진리를 전달하기 위하여 비유적 표현들을 사용하였는데, 이 비유들을 무시하는 것은 석의에 있어서 용서받지 못할 죄인 것이다.

왜 상상력이 필요한가?

　만일 당신이 "나의 친구는 따뜻한 날에 서늘한 바람과 같다"라고 말해야 한다면, 당신은 직유를 사용하고 싶어할 것이다. 그러나 만일 당신이 당신의 친구에게 "당신은 더운 날에 신선하고도 서늘한 바람입니다"라고 말한다면 당신은 은유를 사용해야 할 것이다. 예수님께서 "나는 문이니라" 그리고 "나는 참 포도나무니라"고 말씀하셨을 때 은유를 사용하셨다. 은유들은 동족이 아닌 것들을 함께 모으며 이 연합으로부터 새로운 어떤 것을 산출해 낸다. 이것은 어머니가 진흙 범벅이 된 자기 아이에게 "너는 돼지 새끼야!"라고 말할 때 발생하는 일과 같다. 물론 그 아이는 진짜 돼지가 아니다. 그러나 그 표현은 어머니가 그들의 메시지를 서로에게 이해시키는 방식이다.

　은유는 우리가 언어를 가지고 행하는 어떤 것이 아니다. 은유는 언어가 작용하는 방식이다.[3] 사실 우리는 매일 은유적 언어를 사용하고 있으면서도 대개는 그것에 대하여 생각을 하지 않는다. 당신이 지난번에 어떤 사람에게 "나는 그것을 소화시킬 수가 없습니다"라고 말했다면, 당신은 그가 말한 것(생각)을 음식과 비교하고 있었던 것이다. "그것은 바로 나의 머리 위로 지나가 버렸습니다"나 "나는 그것을 볼 수가 없습니다"와 같은 진술들은 생각들을 던지거나 볼 수 있는 물건들에 비유하는 것이다. "당신은 분명히 그 설명에서 나를 잘못 안내한 것 같군요"라고 말하는 것을 사람을 인도하여 길을 가게 하는 것에게 비교하고 있다. "이 논의는 우측으로 갔습니다"도 동일한 은유를 사용한 것이다.

　성경은 문학으로 쓰여졌으며 메시지를 이해시키기 위하여 갖가지 문학적 도구들을 사용한다("이해시키다 〈get across〉"는 야구공을 던지는 것에서와 같은 은유로 사용된 것이다). 이것은 언어가 작용하는 방식이며, 그것은 왜 상상력이 필요한가의 이유이다. 좋은 은유는 우리 독자들의 관심과 흥미를 사로잡으며 지성과 감성에 도달한다. 그것은 내부를 폭파시키며(이것이 바로 은유적이다) 옛 진리들로부터 새로운 통찰력들을 산출해 낸다. 난제는 우리가 일상 대화와 성경의 은유적 언어에 너무도 습관이 되어 있어서 우리가 그것을 곧바로 지나쳐 가면서 말하거나 쓰여진 것의 정보와 효과를 모두 수용하지 못한다는 것이다.

　선지자 이사야가 모압 사람들의 철저한 패배와 비천함을 선언하고자 원하였을 때, 그는 이렇게 썼다. "여호와의 손이 이 산에 나타나시리니 모압이 거름물 속의 초개의 밟힘같이 자기 처소에서 밟힐 것인즉 그가 헤엄치는 자의 헤엄치려고 손을 폄 같이 그 속에서 그 손을 펼 것이나 여호와께서 그 교만과 그 손의 교활을 누르실 것이라"(사 25:10 - 11). 거름물을 통과하여 수영을 한다는 것은 당신이 보고 느끼고 냄새 맡을 수 있는 한 상징이다! 만일 내가 다음에 나오는 설교 제목을 교회 공고판에 게시하여 모든 사람들이 볼 수 있게 한다면 어떤 일이 발생하겠는가 상상해 보라. '다음 주일 – 거름 무더기를 통과하여 헤엄을 침." 그러나 이것이 바로 하나님께서 성경 안에 비유적 상징을 두신 이유이다. 우리의 관심을 끌고 우리의 흥미를 유발시키고 우리를 우리의 지성적 무기력으로부터 흔들어 깨우기 위해서이다.

상상력이 어떻게 작용하는가?

당신이 성경을 연구하고 메시지를 준비할 때에 성령으로 인도 받는 당신의 상상력은 당신을 위하여 다섯 가지 봉사를 행할 수가 있다.

첫 번째로, 상상력은 그 단락 안에 있는 비유들을 인식한다. 분별력이 있는 석의자라면 요한계시록 1:12-16에서 주어진 예수 그리스도에 대한 묘사의 요소들을 모두 문자적으로 취하지는 않을 것이다. 또는 아가서 4장에 나오는 솔로몬의 사랑하는 자의 그림에 대해서도 마찬가지이다. 당신이 성경적 비유에 대하여 감응력을 개발해 가는 데 따라서, 당신은 그 단락에서 발견되는 직유들, 은유들, 상징적 대상들, 인격들, 그리고 사건들을 쉽게 분별하게 될 것이다(만일 당신이 지금 스스로를 시험하고 싶다면 이사야 59장을 읽고 상징들을 구분해 보라).

상상력의 두 번째 사역은 우리가 이런 비유들을 분석하고 그것들이 의미하는 것을 발견할 수 있도록 돕는 것이다. 이것이 중요한 이유는 동일한 비유가 또 다른 단락에서는 다른 것을 의미할 수도 있기 때문이다. 사단은 사자에게 비유되기도(벧전 5:8) 하지만 예수님이 사자에게 비유되기도 하셨으며(계 5:5), 마시기 위한 물은 하나님의 영을 상징하는(요 7:37-39) 한편 씻기 위한 물은 하나님의 말씀을 상징하기도 한다(요 15:3; 엡 5:25-27). 우리는 우리 자신에게 "하나님께서 이 비유 안에서 우리에게 무엇을 말씀하고 계시는가?"라고 물어야만 한다.

세 번째로, 상상력은 한 단락 안에 있는 비유들을 종합함으로 우리가 그것들을 함께 모으는 "우산"을 발견할 수 있게 한다. 한 본문 안의 비유들은 줄 하나에 꿰어진 많은 구슬들이 아니다. 그것들은 오히려 여러 가지의 색깔과 모양의 것들이 한 융단으로 짜여진 것과 같다 하겠다. 예를 들면, 갈라디아서 5장에서 우리는 많은 수의 생생한 이미지들을 발견하게 되는데, 그것들 중에는 멍에(1절), 이익과 손실(2절), 달리기를 경주함(7절), 누룩(9절), 그리고 열매(22-23절) 같은 것들이 있다. 그것들을 함께 묶는 주제는 은혜로 살며 모세의 율법으로 되돌아가지 않는 것이다. 율법주의는 우리를 멍에와 같이 속박하며 우리의 자유를 파괴시킬 것이다. 그것은 우리로부터 영적인 복을 빼앗으며 우리를 기독교인 경주 가운데서 그릇된 코스로 달리게 하며 누룩과 같이 퍼져서 우리와 교회를 감염시킬 것이다.

우리가 본문을 연구해 감에 따라서, 상상력은 또한 우리가 메시지를 구체화시켜서 그 설교를 요약하는 간결한 명제나 목적 진술로 만들도록 돕는다. "그리스도는 십자가 위에서 우리를 위하여 죽으셨을 때 자유를 얻으셨다. 만일 우리가 은혜를 저버리고 율법으로 되돌아간다면, 우리가 초래하게 될 손실들을 생각해 보라." 당신은 비유들을 설교할 수가 없으며 그것들을 풍유들로 바꾸어도 안 된다. 당신은 비유들 안에 계시되어진 진리들을 설교할 뿐이다. 갈라디아서 단락들 안에서, 비유들은 우리가 그리스도 안에 있는 우리의 자유를, 하나님의 은혜의 부요함을, 하나님의 뜻 안에서의 전진(경주를 경주함)을, 그리고 삶과 교리(누룩)의 순결성을 잃어버리게 될 것이라고 우리에게 가르친다.

마지막으로, 상상력은 우리가 자료들을 조직화하여 그것을 독자들의 상상력과 흥미를 사로잡는 방식으로 제시하게끔 돕는다. 바울은 우리를 농장(멍에)으로 데리고 감으로써 자기가 받은 은혜를 옹호하였다. 그 다음에 그는 우리를 데리고 은행(이익과 손실)으로 간다. 다음에는 운동장으로 가게 되는데 거기서는 경쟁자들이 달리기를 경주하고 있다. 마지막으로 우리는 빵집으로 가서 제과공이 밀가루 반죽 속에다 누룩을 넣는 것을 보게 된다. 다시 말하지만, 우리는 그림들을 설교하는 것이 아니다. 우리는 그것들을 사용하여 그것들이 나타내는 영적 진리들을 선언하는 것이다(만일 당신이 비유들을 인식하고 조직화하는 당신의 능력에 대한 또 다른 시험을 원한다면, 시편 130편에 대한 설교를 준비하라).

당신의 상상력을 배양하기

"배양" 이라는 단어는 비유적이다. 따라서 건강한 상상력은 올바른 씨를 심고 식물들을 키우고 땅을 비옥하게 하며 열매를 딸 때가 언제인지를 아는 것의 결과라는 것을 암시한다. 모든 사람이 상상력을 가지고 있고 모든 사람이 그가 어떤 나이에 있든지 간에 상상력을 개발할 수가 있다. 조사자들은 우리에게 자녀들이 풍부한 상상 능력들을 지닌 채 그들의 초기 시절을 보낸다고 우리에게 말한다. 이런 능력들은 보통의 교실에서는 거의 다 파괴가 된다. 상상력의 가장 큰 파괴자들 중의 하나가 텔레비전인 반면 라디오 드라마와 인쇄된 문학은 상상력이 개발되는 것을 돕는다. 텔레비전을 보는 것을 더 선호하는가, 아니면 라디오를 듣는 것을 선호하는가 라고 묻자, 한 작은 소너는 "나는 라디오를 더 좋아합니다. 왜냐하면 그림들을 보다 더 명확하게 전달하기 때문입니다"라고 대답하였다. 프랭크 로이드 라이트(Frank Lloyd Wright)는 텔레비전을 "눈에다 씹는 껌을 바르는 것"이라고 부르도록 하였다고 전하여지는데, 그것은 나쁜 은유는 아니다.

우리의 상상력을 개발하는 일을 돕기 위하여 우리는 창조적인 사람들이 하는 식대로 해야만 한다. 창조적인 사람들은 책을 읽는 사람들이며 그들은 광범위하게 독서를 한다. 얼마나 많은 창조적인 사람들이 만화책들을 읽으며 유머에 대하여 훌륭한 감각을 가지고 있는지 놀랄 만하다. 그들은 또한 단어들을 즐기며 가끔 사전을 읽기도 한다. 또한 글자 맞추기 문제를 풀기도 하며 암호문을 풀어 보기도 한다. 그들은 민첩하여 그들 주변에 있는 사람들과 물건들과 사건들에 주목한다. 또한 인생에 대한 질문들을 하기 좋아하며 인생이 그들에게 무엇을 가져다 주는지 묻기를 좋아한다. 특히 "왜?" 라는 질문과 "만일 일이 일어난다면 어떻게 합니까?" 와 같은 질문을 하기 좋아한다. 만일 당신이 그들이 공중을 응시하는 것을 본다면 그것은 그들이 혼수 상태에 있는 것이 아니다. 그들은 생각하면서 일하고 있는 것이다. 그들은 생각을 얻을 때 그것들을 적어 놓고서 알맞는 서류철에다 철해 놓는다. 그들에게 있어서 인생은 생각들로 이루어진 모험이며 끊임없이 이미지들과 만나는 것이다.

몇몇 사람들은 빙하와 같은 상상력을 가지고 있다. 그것은 얼어 있어서 천천히 움직이며 녹이는 일이 필요하다. 다른 사람들은 불행하게도 재봉사 같은 상상력을 가지고 있다. 그들은 그것을 깨끗이 할 필요가 있다. 그러나 강 같은 상상력을 가지고 있는 사람들은 하나님의 영의 창조적인 역사를 경험하게 되며, 강이 닿는 모든 것은 생명으로 솟구치게 된다. 당신의 상상력 개발을 두려워하지 말고 그것을 사용하라. 왜냐하면 성경은 영감으로 된 문학이기도 하지만 상상력이 풍성한 문학이기도 하기 때문이다.

진리 꾸리기

분석적인 개요를 설교학적인 개요로 만드는 것은 상상력 안에서의 활동이다. 우리는 우리 자신에게 "내가 어떻게 하면 사람들이 흥미를 가질까? 그리고 메시지를 쉽게 이해할 수 있게 이 자료를 꾸릴수가 있을까?"라고 묻는다. 동방의 속담중에 "위대한 선생은 사람들의 귀를 눈으로 변화시켜 그들이 진리를 볼 수 있게 만드는 사람이다"라는 말이 있다. 예수님이 바로 그렇게 하셨다. 그분은 잘 알려진 것을 사용하셔서서 잘 알려지지 않은 것에 대한 가교를 만드셨다. 자연적인 것을 사용하셔서서 영적인 것을 설명하셨다. 모든 농부는 씨들을 잘 알고 있었으나, 예수님께서 하나님의 말씀은 씨라고 말씀하셨을 때 그들은 그것에 관하여 생각하기 시작하였다. 군중 속의 여인들은 모두 누룩에 대하여 알고 있었으나, 그들은 예수님께서 왜 하늘 나라는 밀가루 반죽 속에다 누룩을 넣고 있는 여인과 같다고 말하였을까 하고 의아하게 여겼다.

시편 130편은 네 연으로 되었는데 각 연은 하나의 그림을 그리고 있다.

> 1. 도움을 소리쳐 구하는 한 사람 : 1-2절
>
> 2. 용서를 찾아 구하는 한 사람 : 3-4절
>
> 3. 해가 뜨기를 기다리는 한 사람 : 5-6절
>
> 4. 자유롭게 놓여지기를 바라는 한 사람 : 7-8절

첫 번째 사람은 물에 빠져 있는데("깊은 곳으로부터"), 아마도 죄나 슬픔이나 낙담의 물결 또는 파도 아래 있는 듯하다. 필요한 것은 하나님의 긍휼이다. 두 번째 사람은 법정에 서 있는데 그에 대하여 모든 증거가 "유죄다!"라고 소리친다. 하나님은 기록들을 다 가지고 계시다. 세 번째 사람은 성벽들을 쳐다보면서 원수들이 도착하여 그 도성을 포위하는 것에 대해 경계하고 있다. 속히 태양이 떠올랐으면! 마지막 사람은 묶여 있는데 어느 누군가가 자신을 위해 속전을 지불해 줄 사람이 없는가 하고 찾고 있다.

물에 빠진, 죄가 있는, 어두움에 휩싸인, 그리고 속박에 얽매인 상태의 이런 이미지들을 함께 묶는 가장 핵심적인 주제는 무엇인가? 그것은 죄이다(3절과 8절). 죄인은 바다에 빠져 죽어 가는 사람으로, 법정에 서 있는 죄 있는 사람으로, 밤에 성벽을 지키는 사람으로, 그리고 속박에 매인 종으로 그려지고 있다. 이런 곤경들에 대한 응답은 하나님의 긍휼(1절), 용서(4절), 그리고 구속(7절)이다. 죄인들이 하나님께 소리쳐 구원을 구하는 한편 그들이 예수 그리스도를 믿을 때 무슨 일이 발생하는가?

1. 그들은 사망에서 생명으로 옮겨간다 : 1-2절
2. 그들은 유죄에서 용서로 옮겨간다 : 3-4절
3. 그들은 어두움에서 빛으로 옮겨간다(새 날이 밝아옴) : 5-6절
4. 그들은 속박에서 자유로 옮겨간다 : 7-8절

하나님의 영감으로 된 그림책

하나님은 그림들과 그림 언어를 사용하셔서 우리에게 그분의 기적적인 진리를 가르치신다. 우리는 성경을 해석할 때 어리석어서 이런 그림들을 이용하지 못해서는 안 된다. 그분은 문간에서 유혹을 기다리는 짐승으로(창 4:7), 우리가 문 안으로 받아들여 먹을 것을 준 배고픈 손님으로(삼하 12:1- 4), 그리고 욕망에 의하여 임신하고 죄와 사망을 낳은 한 여인으로(약 1:13 - 15) [4] 그리신다. 요한계시록이란 책에서 거룩한 도성은 순결한 신부이지만, 불경건한 세상 체계인 바벨론은 음녀로 나타난다. 요한복음 10장에서 예수님은 희생적인 선한 목자이시나, 사단은 절도며 강도이다. 요한의 복음서에 따르면, 구원은 신생을 경험하는 것이며, 생수를 마시는 것이며, 산 떡을 먹는 것이며, 빛을 향하여 우리의 눈을 뜨는 것이며, 선한 목자를 따라 푸른 초장으로 들어가는 것이다. 그런데 이런 것들은 하나님의 말씀 안에서 발견되는 구원에 관한 매혹적인 그림들 중의 몇 가지에 지나지 않는다.

"기독교인은 그의 상상력이 별들 너머로 날아가는 사람이다"라고

프랜시스 쉐이퍼(Francis Schaeffer)는 썼다.[5] 동시에 우리는 그리스도와 복음의 기초 위에서 우리 발을 굳게 디디고 서야 한다. 그런 자세들이 효과적인 설교를 하도록 만든다.

제12장

우리는 때마다 설교한다.

좋은 본문이 당신의 손가락들을 스쳐 지나가도록 허용하지 말라.
본문에 설교의 씨를 심고 그것에다 때때로 기도와 명상으로 물을 주며,
수확을 위하여 하나님을 신뢰해야 한다.

제12장
우리는 때마다 설교한다.

We Preach
to the Occasion

"나는 복음을 설교함에 있어서 거의 모든
특별한 때들을 하나의 기회로 사용할 수 있다고 믿는다."
마아틴 로이드존스 〈설교와 설교자들〉

설교자들은 그들이 메시지를 준비하는 데 충분한 시간을 할애한다고 느끼는 적이 전혀 없지만, 우리 대부분은 결국 한 형태의 설교를 개발해 내며 또 그 설교는 매주일 만족스럽게 역사한다. 우리는 또한 특별한 메시지를 요구하는 절기와 어느 때든지 만나게 될 수가 있다는 것을 안다. 그런데 그럴 때는 우리가 준비를 갖출 시간이 훨씬 더 적다. 사망은 언제나 신호를 먼저 보내고 오지 않는다. 그러므로 장례식은 기대치 못한 것들의 목록의 머리를 장식한다. 그러나 그 목록이 다 끝나는 것은 아니다. 마지막 순간에, 당신이 결혼을 위하여 준비시키고 있는 젊은이들 한 쌍은 휴고(Hugo) 아저씨가 결혼식에 오고 있다는 것을 알게 되자 당신에게 설교를 해 달라거나 또는 연회장에서 뭔가 교훈이 되는 말을 해 달라고 요청한다. 당신은 새로운 교

회 입당식이나 결혼 기념일 축하연에서 축사하도록 초청을 받을 수
도 있다. 나는 한번은 새 집에 집들이하는 것을 위하여 헌신적인 메시
지를 해 달라는 부탁을 받은 적이 있다. 그런데 내가 말씀 봉사를 해
주기를 기대하는 기념식들이 여러 번 있었다. 나는 새로운 고등학교
체육관의 헌당식에서 "종교적인 어떤 것"을 말해 달라는 부탁까지
받아 놓고 있었다!

　이런 기대하지 못한 기회들에 대하여 당신이 대비하도록 도울 조
언 두 마디를 나는 가지고 있다. 그 첫 번째는 좋은 본문이 당신의 손
가락들을 스쳐 지나가도록 허용하지 말라는 것이다. 종종 설교를 준
비하는 동안에 또는 성경을 경건한 마음으로 읽는 동안에 나는 본문
이 "나는 대학 졸업식 식사에 꼭 알맞는 것입니다"라고 말하는 소리
를 들었다. 그러므로 나는 그 성구와 성경 개요를 메모 철에다 적어서
그것을 적당한 파일에다 철해 둔다. 몇 주일 후에 또 다른 본문이 뛰
어나오면서 다음과 같이 소리친다. "다음 번 안수식에서는 나를 사용
하십시오!" 그러면 나는 그것에게 동일하게 주의 깊은 조치를 취한
다. 나는 내가 목회 사역을 하고 있을 때 장례식이나 기념식들에서
사용할 메시지를 위한 아이디어들을 적은 특별한 공책을 지니고 있
었다. 앤드류 블랙우드(Andrew Blackwood)는 이런 아이디어 파일
들을 "설교의 씨 못자리"라고 불렀는데, 그것은 적절한 비유이다. 당
신은 본문들을 심으며, 그것들에게 때때로 기도와 명상으로 물을 주
며, 수확을 위하여 하나님을 신뢰해야 한다.

　나의 두 번째의 조언은 당신이 모든 "특별한 때"의 메시지들을 하
나님의 말씀과 그 때의 감정에 붙잡아매라는 것이다. 50주년 기념식

에서 말할 때 당신은 분명히 관련된 사람들의 개인적인 어떤 것에 대하여 말하고 싶어할 것이다. 그러나 당신이 그렇게 하고 난 다음에 또한 이런 사람들을 위한 하나님의 사랑에 대하여, 그분의 섭리적인 인도하심에 대하여, 그리고 그분의 신실한 돌보심에 대하여 뭔가를 말하고 싶어할 것이다. 야곱(창 49장), 여호수아(수 23:14; 24:15), 그리고 다윗(시 37:25)과 같은 "선배 성도들"의 간증뿐만 아니라 시편 90:1과 12절 같은 본문들이 마음에 떠오를 것이다.

이제 이런 기대하지 못한 도전들 중의 몇 가지에 대하여 고려해 보자.

장례식과 기념식 예배들

그 어떤 목회적인 일도 사랑하는 사람의 죽음으로 인해 사별을 당하여 충격을 받은 사람들에게 위로를 주는 것보다 더 불요불급하지는 않을 것이다. 특별히 만일 그 죽음이 매우 갑작스런 것이었거나 자살이었다면 더욱 그렇다. 아이의 죽음은 특히 고통스럽다. 내가 예배 중에 무슨 말을 해야 할지 몰라 쩔쩔매던 때가 한두 번이 아니었다. 그러나 "설교 씨 못자리" 덕분에 주님은 항상 은혜스럽게 나에게 내가 꼭 필요한 것을 공급해 주셨다.

장례식 메시지의 목적은 모든 문제에 대한 적절한 해답으로 예수 그리스도를 제시해야 한다는 나의 신념이다. 그분은 우리가 어떻게 느끼고 있으며 우리가 필요로 하는 것이 무엇인지를 충분히 알고 계시는 유일하신 분이다. 장례식이나 기념식은 복잡한 신학적 논쟁이나 토론을 위한 장이 아니다. 그것은 하나님의 말씀의 약속들을 나눔으로 깨어진 심정들을 치유하도록 돕는 기회이다. 언젠가 나는 고린도전서 15장을 지루하게 신학적으로 설명하는 예배에 내내 앉아 있던 적이 있는데 그것이 끝났을 때 비로소 우리에게 위안이 주어졌다. 그 사역자는 하나님의 백성이 설명한 것들을 먹고 사는 것이 아니라 약속들을 먹고 산다는 것을, 그리고 약을 쓰는 것과 처방전을 분석하는 것 사이에는 커다란 차이가 있다는 것을 깨닫지 못하였던 것이다.1)

내용이나 전달 과정 모두 메시지는 목회적이어야 하고 예수 그리스도의 충족성을 가리키는 하나의 "명쾌한 진리"(이 표현은 앤드류 블랙우드의 것이다)를 다루어야 한다. 사람들이 골짜기를 통과해 나갈 때, 그들은 조직신학의 추상적 개념들을 취급할 수는 없다. 그러나 그들을 돌보시고 위로를 주시는 구세주를 계시하는 성경적 이미지들은 이해할 수는 있다. 고린도전서 15장에서 바울은 부활에 대해 논의할 때 뿌리는 생명의 씨앗들과 변하는 옷들에 대해 썼는데(35-57절), 이것들은 고통 당하는 사람들도 이해할 수 있는 비유들이었다. 메시지는 간결해야 하나 서둘러 전하는 것이어서는 안 되며 상상력과 마음에게 호소하는 것이어야 한다. 말할 필요도 없지만, 우리는 항상 모든 메시지 안에서 복음을 선포해야 한다. 만일 당신이 목자의 마음과 잘 이해된 성경을 가지고 있다면, 성령은 당신을 인도하셔서 올바른 것들을 올바른 방식으로 말하게 하실 것이다.

메시지를 불확실하고 특이한 본문들 위에나 장황한 설명들을 요하는 본문들 위에다 건축하지 말라. 부모의 편안한 품으로 달려드는 아이들처럼, 슬픔을 당한 사람들은 잘 아는 하나님의 약속들을 찾아 구하며 그것들을 새롭게 받아들이고자 한다. 몇몇 목회자들은 그들이 인도하는 모든 장례식에서 일반적인 설교를 한다. 죽은 사람이 갓 태어난 아이든, 아니면 백살을 살다 간 사람이든 간에 말이다. 그러나 메시지를 그 경우에 맞추며 그것을 개인적인 것이 되게 하는 것이 더 좋다. 나는 과거에 죽은 사람의 이름이 단 한번도 언급된 적이 없는 장례식에 참석한 적이 있다. 그것은 위로를 주는 예배가 아니었다. 예수님은 자기 자신의 양들을 그들이 죽은 후에라도 그 이름으로 부르신다(요 11:11). 그리고 이것은 따르기 어려운 모범이 아니다.

나의 습관은 성구를 인용함으로 예배를 열고, 요한일서 3:1-2을 가지고 시작한 다음에 요한복음 14:1-6, 데살로니가전서 4:13-18, 그리고 시편 46편으로 옮겨가는 것이었다. 그 다음에 나는 간결하게 기도를 하고는 하나님 아버지께 우리를 도우시사 슬픔 가운데서도 죽은 자를 명예롭게 하며 주 예수님을 영화롭게 하도록 도와달라고 빈다. 만일 가족이 음악이나 찬미를 요청한다면 그런 것들이 주어진 다음에 나는 메시지를 전하게 될 것이다. 죽은 자가 교회 안에서나 마을에서 매우 잘 알려진 사람이 아니라면 그리고 몇몇 사람들에게 말해 달라고 미리 요청하지 않았다면, 나는 가능한 한 예배를 30분 이내에 끝내도록 노력해 왔다. 죽은 자를 영예롭게 하는 가장 좋은 길은 산 자를 생각해 주는 것이다.

주님과 우리 자신의 관계 다음으로, 사별 당한 자에게 사역하는 중에 가장 중요한 요소는 목회자와 사람들 사이의 무형의 유대감이다. 그것은 목자와 양들이 수년에 걸쳐서 함께 걸어오며 일하며 우는 동안 만들어진 살아 있는 연대감이다. 그 연계가 강력할 때는, 메시지가 올바른 것이 될 것이다.

결혼식 설교

나는 보통 결혼하는 두 사람에게 아름다운 결혼 예식을 설교로 방해하지는 않을 것이라고 확신을 주려고 노력하였다. 그러나 나는 항상 성공하지는 못하였다. 신부와 신랑에게 결혼에 대하여 설교하기로는 약간 때가 늦은 감이 있다. 그리고 유고 아저씨에 대해서 말한다면, 만일 하나님의 영광을 위하여 계획된 기독교적 결혼식이 그의 마음에 감동을 주지 못한다면 설교도 아마 그에게 감동이 되지 못할 것이다. 장례식과 결혼식을 복음 집회로 바꾸고 믿으라고 초청까지 할 수 있는 사역자들이 있으나, 나는 아직 그런 사람들 중에 끼어 본 적이 적다. 주님의 도우심으로, 결혼하는 부부와 나는 그 예식 자체를 그리스도와 복음에 대한 증거가 되게 하며 하나님의 사랑의 메시지가 분명하게 이해되게 하려고 노력하곤 하였다. 안 믿는 친척들이나 친구들이 후에 종종 나에게 "당신은 그런 예식을 어디서 배웠습니까? 매우 감동적인 예식이었습니다"라고 묻곤 하였다. 내가 그것은 공동기도서로부터 따 온 것으로 수십 년 동안 다른 사람들이 사용해 온 것이었다고 그들에게 말했을 때, 그들은 깜짝 놀랐다. 그러나 그들의 관심은 더 깊은 증거를 위하여 문을 열게 하였으며 주님은 그들 중의 몇몇을 당신께로 인도하기도 하셨다.

그러나 만일 사랑하는 부부가 당신이 결혼식 설교를 하는 것을 고

집한다면, 당신은 두 가지 접근법 중의 하나를 취할 수가 있다. 보다 더 쉬운 경로는 그 예식 초반부에 간결한 메시지를 전하나 그것을 설교라 부르거나 결혼식 순서지에 설교라고 써 놓지 않는 것이다. 메시지를 간결하게 하고 요점만 말하라. 보다 더 어려운 접근법은 그 예식 전체를 통하여 메시지를 엮어 짜는 것이다. 마치 그것이 예전의 표준적인 일부인 양 말이다. 결혼식 설교에서 가장 중요한 것은 그것을 설교처럼 느껴지지 않게 하는 것이다. 하객들은 당신이 부부 어깨 너머로 설교를 하고 있으며 그들의 회심하지 않은 식구들과 친구들을 향하여 총알들을 날리고 있다고 생각하게 해서는 안 된다. 만일 예배 분위기가 기독교적 희락과 사랑을 드러낸다면, 전체 예식은 그 자체가 설교가 될 것이다.

헌당식

크든 작든 한 교회 식구들의 믿음, 인내, 그리고 사랑을 시험하는 것치고 새로운 건물을 건조하는 것과 같은 일은 없을 것이다. 사람들이 나에게 그들의 교회가 건축 프로그램을 진행해 나아갈 것이라고 말할 때, 나는 대개 그들에게 그 예정표에다 3개월을 더하고 예산에다 20%를 더하라고 경고한다. 그런데 나의 예측이 얼마나 정확했는지 놀랄 만하다. 건축 프로그램은 쉬운 일이 아니다. 그것들을 보통 몇몇 사람들 가운데 있는 가장 좋은 것과 다른 사람들 가운데 있는 가장 나쁜 것을 뽑아낸다.

그러므로 만일 당신이 어떤 회중이 새 건물을 주님께 헌당하는 것을 도울 예정이라면, 그들과 함께 즐거워하며 그들의 마음을 하나님의 선하심과 은혜에 집중시키도록 하라. 부정적인 면에 치중하지 않도록 하라. 마치 건축 위원회, 장로들, 그리고 일반 교인들이 모두 제단으로 다가가서 하나님과 서로에 대하여 올바른 관계를 가지게 되어야 하는 것처럼 말하지 말라. 아마도 회중의 치유가 제대로 이루어질 것이다. 그러나 목회자는 차후 수주간 동안 그런 일이 일어나도록 일할 수도 있을 것이다. 우리의 직무는 주님께 건물과 교인 전체를 바침에 있어서 회중을 연합시키는 것이다. 그것은 하나님께 감사를 표시하는 예배가 되어야 하며, 그것은 그분의 사람들을 위한 새로운 시작으로 인도해야 한다.

물론 하나님은 건물들 속에 거주하시는 것은 아니나, 가족들은 그러하며 교회는 하나님의 가족이다. 건물은 성도들이 서로에게 덕을 세우며 잃은 자를 전도하기 위하여 함께 일할 때 사용하는 도구이다. 교회의 일 대부분은 건물들 바깥에서 이루어지고 있으나, 하나님의 사람들은 함께 예배하기 위하여 그리고 개인적인 훈련을 위하여 모일 어떤 장소를 필요로 한다. 건물은 또한 하나님의 신실하심과 하나님의 백성들의 신앙에 대한 증거가 되기도 한다. 그것은 "만민을 위한 기도의 집"이 되어야 한다.

이사야 66:1-2에 따르면, 교회 건축 프로그램 속으로 들어가는 모든 것은 궁극적으로는 하나님으로부터 나오는 것이다. 따라서 우리는 그것에 대하여 공로를 주장할 수가 없다. 주님은 겸비한 자들의 마음 가운데 거하시며 그분의 말씀을 존경하는 자들 안에 거하신다. 주위를 둘러보며 하나님께서 행하신 모든 일에 대하여 그분을 찬양하는 것은 좋은 일이다. 그러나 안을 들여다보며 우리가 왕께 알맞는 거주지인지를 살피는 것은 더욱 중요하다(엡 2:19-22).

고린도전서 3:9에서 바울은 교회의 두 가지 이미지들을 연합시키고 있다. 그것은 밭과 건물이다. 그는 건물이 밭을 위하여 존재한다고 우리에게 상기시키고 있는가? 밭의 목적은 하나님께 드릴 수확이며, 건물의 목적은 하나님을 위한 거룩한 거주지이다. 둘 다 중요하다. 밭은 양에 대하여 말하나 건물은 질에 대하여 말한다. 두 가지를 얻기 위해서는 근면성이 필요하며 열심히 일을 해야만 한다. 수확은 우리가 밭에서 일한 것에 대한 시험이나, 영적 건축물에 대한 우리의 일은 심판 때까지는 나타나지 않을 것이다. 교회들은 즉 물리적인 건물들은 가장 좋은 재료들로 건축하지만, 영적 건축물은 "나무, 풀, 짚"으로 축조하기 위하여 애쓴다(12절). 이 얼마나 어리석은 일인가!

헌당식 메시지는 사도행전에 묘사되고 서신서들에서 명령된 교회생활의 역동적 힘의 어떤 국면에게 집중되어야 한다. 종종 헌당식 예배에서 건축업자나 설계자가 당회장에게 열쇠를 증정하기도 한다. 이는 물론 상징적인 제스처이나 매우 의미심장한 것이다. 만일 그 어느 누구도 문을 열고 드나들 수가 없다면 왜 건물을 짓는 것인가? 내가 9장에서 말한 것처럼, 사도행전 1장의 교회는 "닫힌 문의 교회"이다. 내가 한 번은 그 주제에 대하여 설교한 적이 있는데, 사도행전 전체를 통하여 그것을 더듬어 보았다. 사도행전 1장에서 문들이 닫혀졌으며 신자들은 오늘날 대부분의 교회들이 하는 일을 하고 있다. 함께 모이며 기도하고 교직자들을 선출하며 성경을 연구한다. 그러나 그 누구도 전도를 받아 변화되지 않고 있다. 왜냐하면 신자들은 성령이 강림하시기를 기다리고 있기 때문이다. 성령이 강림하실 때 문들은 열려졌으며 복음의 메시지는 능력 있게 선포되었다(2장). 성령은 열쇠를 가지고 계시는 분이므로 우리는 그분을 의지해야만 한다. 사도행전의 나머지 부분은 하나님께서 문들을 여시고 원수가 문들을 닫고자 애쓰는 것에 대한 기록이다.

만일의 사태에 어떻게 할까?

양심적인 설교자들이라면 종종 스스로에게 가능한 사역 기회들에 대하여 질문을 할 것이며 그 질문들에 대해 답을 하고자 노력할 것이다.

- 만일 내가 PTA 성탄절 파티에서 말해 달라는 요청을 받았다면 어떻게 할까?

- 만일 내가 지역의 술집 연합회에서 연설해 달라는 초청을 받았다면 어떻게 할까?

- 만일 우리 교회 청년들 중의 한 명이 공군 스카우트 단원의 지위를 얻었는데 나에게 예배 설교를 요청을 하였다면, 나는 어떻게 해야 되나?

- 내가 어떻게 하면 지역 재향군인회 회원들에게 복음을 전하며 내가 무슨 성구를 사용하여 말할까?

가끔 이런 직감들이 실제적인 초청으로 변하게 되는데, 그 때가 바로 우리가 우리의 '설교 씨 밭'에 대해 감사하게 생각하는 것을 배울 때이다. 그리고 당신이 이미 준비한 메시지들을 간과하지 말라. 왜냐하면 한 설교의 기본적인 자료를 취하여 그것을 새로운 상황에다 효과적으로 적용시키는 것이 가능하기 때문이다. 이것은 "설교의 기술"이 중요하게 되는 곳이기도 하다. 진실한 기술자는 옛 것을 새 것으로 변화시키면서도 그 중 어느 하나도 왜곡시키지 않는 법을 알고 있기 때문이다.

메시지를 새로운 회중에게 적용시키는 것이 적당하나, 메시지를 어느 회중에게건 합당하게 변조시키는 것은 그릇된 것이다. 당신은 내용을 조절하여 전달함으로 메시지가 듣는 자들에게 보다 더 의미 있는 것이 되게 할 때 메시지를 적용시키는 것이다. 그러나 당신은 메시지를 변화시켜 듣는 자들이 보다 더 잘 받아들이는 것이 되도록 할 때 메시지를 변조하는 것이다. 앞의 것은 말씀을 통제하며 신실하게 전달하는 것이다. 두 번째의 것은 청중을 다룸에 있어서 부정직하게 조작하는 것이다. 신실한 설교자는 메시지를 이해시키기 위하여 열심히 일함으로써 하나님을 기쁘시게 하나, 불신실한 설교자는 그들에게 거부감을 줄 수 있을 것은 무엇이나 생략함으로써 오직 자신의 청중들만을 기쁘게 하려고 노력한다. 데살로니가전서 2:1-5에서 바울은 하나님의 진리를 왜곡시키고 희석시키는 죄에 대하여 뭔가 할 말을 가지고 있었다.

제13장

우리가 설교하는 것은
위대한 전통의 일부이다.

당신이 어떤 설교학 책에서 발견한
모든 것을 충동에 의해 받아들이지 말라.
그리고 당신이 읽은 모든 것을 먼저 말씀과
주의 깊은 실천에 의해 시험해 보기 전에는 모방하지 말라.

제13장
우리가 설교하는 것은
위대한 전통의 일부이다.

"과거를 기억할 수 없는 사람들은 그것을

반복하도록 정죄받은 사람들이다."

조지 산타야나의 〈이성의 생명〉

예술가나, 작가들, 그리고 작곡가들은 그들보다 앞서 간 다른 예술가들, 작가들, 그리고 작곡가들의 생애와 작품들에 대하여 잘 알고 있다. 그러므로 설교자들이 이런 좋은 모범을 따르지 않아야 할 이유가 전혀 없는 것이다. 나는 과거에 설교의 역사에 대하여 선택 과목을 가르친 적이 있는데 십수 명의 학생들이 출석한 것에 대해 기뻐하였다. 그러나 나는 그들이 과거의 가장 특출난 설교자들의 이름조차 인지하지 못한다는 것을 곧 발견하게 되었다. 내가 몇몇 19세기의 유명한 강단 사역자들에 대해 언급하였을 때, 나는 허탕을 쳤다. 단 한 학생만이 예외적으로 필립스 브룩스를 성탄 찬송 "오 작은 동리 베들레헴"의 작사로 인지하였을 뿐이다.

우리 중에서 하나님의 말씀을 전하는 사람들은 에녹과 요나 시대에까지 거슬러 올라가는 고대적인 소명과 전통의 일부가 되는 특권을 받은 사람들이다(창 5:18-24, 유 14-15, 벧후 2:5). 우리 자신을 이런 유산으로부터 단절키는 것은 어리석은 짓이다. 설교학의 역사에 관하여 말한다면, 새로운 세대들이 캐내어 주조하기를 기다리고 있는 정보와 영감에 대한 믿기 어려울 정도의 재화가 있다. 그러나 오늘날의 사역자들 중의 몇몇은 그 광산들의 위치를 알아 캐기 시작하도록 동기부여를 받을 필요가 있다. 또한 설교학에 대한 몇몇 보다 더 새로운 책들이 있는데 그것들은 전망 있는 것으로 증명된 풍부한 광맥을 열어 주고 있다. 그러므로 우리는 그것들에게도 관심을 기울일 필요가 있다. 우리가 앞을 내다보든 뒤를 회고해 보든 간에, 보다 더 유용한 설교를 위한 탐구는 결코 끝나서는 안 된다.

우리가 배울 수 있는 것

나 자신의 경험으로부터 나는 과거와 현재의 뛰어난 설교가들의 설교들과 전기들과 자서전들을 읽고 또 읽는 데 투자한 많은 시간들이 나의 인생을 엄청나게 풍부하게 하였다. 또한 나의 사역을 풍부하게 하였다고 말 할 수 있다. 그 한 가지로, 나는 하나님께서는 다양한 인물들과 능력들과 심지어는 다른 신학적 교의(敎義)들까지 택하시어 사용하신다는 것을 배웠다. 그것은 용기를 북돋는 일이다. 주님은 내가 찰스 스펄전이나 캠벨 모건이나 웨스트코트 감독(Bishop Westcott)처럼 되기를 기대하지 않으신다. 그분은 내가 기독교 서점에서 웃는 얼굴로 나를 맞이하는 사진을 볼 수 있는 그 어떤 현대의 설교자들처럼 되기를 기대하지 않으신다. 하나님은 내가 나 자신이 되기를 원하신다. 가장 훌륭한 나 자신의 자아가 되기를 원하신다. 그리고 내가 그분께서 나에게 주시는 은사들과 기회들을 사용할 때 내가 할 수 있는 한 최선의 봉사를 하기를 원하신다. 결국 나 자신이 되는 것이야말로 독창성의 참된 비결인 것이다. 과거의 특출한 설교자들과 만나 주님께서 그들의 인생 안에서 그 인생을 통하여 어떻게 일하셨는지를 배우는 것은, 내가 하나님께서 오늘날 기독교 사역에서 어떻게 일하시며 그분의 사역자들을 어떻게 그들이 당연히 되어야 할 존재로 만드시는지를 보다 더 잘 이해하도록 도울 수 있다.

그러나 그 누구도 진공 안에서는 살 수 없다. 이런 걸출한 하나님의 종들과 나의 우정은 또한 나에게 그들이 살았던 시대상을 소개해 주었는데, 이것은 연구와 사상의 새로운 지평을 열어 놓았다. 역사상의 각 시대는 그 자신의 특이한 도전들을, 논쟁점들을, 그리고 극히 중요한 사건들을 가지고 있었는데, 나의 설교자 친구들을 그들의 역사적 배경 가운데서 만나는 것은 내가 그들이 왜 그렇게 생각했으며, 그렇게 설교했으며, 사역하였는지를 보다 더 잘 이해하도록 도왔다. 내가 이 책의 앞에서 언급하였듯이, 오늘날 보다 더 젊은 설교자들은 과거를 살펴 따라잡는 일이 필요할 것이다. 그들이 그렇게 할 때 그들은 그것이 얼마나 놀랍도록 현대적인 것인지를 발견하게 될 것이다. 해 아래 또는 강단 위에 새로운 것은 하나도 없다.

일반 역사와 특히 교회사에 정통하게 되는 가장 좋은 길들 중의 하나는 전기와 자서전을 읽는 것이다. 내가 빅토리아 시대에 오랫동안 심취했었는데 그것은 19세기의 뛰어난 설교자들에 대한 흥미와 함께 시작되었다. 그런 뛰어난 설교자들은 많이 있다. 당시의 옥스퍼드 운동은 나의 관심을 끌었으며 나는 케블(Keble), 푸시(Pusey), 그리고 뉴먼(Newman)의 사역자들을 조사하기 시작했다. 그리고 이것은 뉴먼 추기경에 대한 특별한 흥미로 인도하였다. 이로부터 성공회의 신학과 예전에 대한 연구가 성장했으며 그 다음에는 기독교 예배 전반에 대한 조사가 성장했다. 일단 당신이 이런 자서전적인 부가 사항들 중의 하나에 대해 연구를 시작하였다면, 그것이 어디로 인도할는지 당신은 알지 못할 것이다. 그러나 만일 당신이 용감하게 그 자취를 따른다면 그것은 당신 이전에 있던 사람들에 대한 보다 더 큰 존경뿐만 아니라 이 세상에서 일하시는 하나님에 대한 보다 더 광범위한 견해로 당신을 인도할 것이다. 당신은 또한 당신이 다른 사람들과 공통점들이 보다 더 많이 있으며 당신과 의견을 달리하는 종파들도 있다는 것을 그리고 그들은 항상 도움이 된다는 것을, 발견하고는 깜짝 놀랄 것이다.

나의 제안은 당신이 진실로 관심을 가지고 있는 한두 사람의 설교자들을 선택하여 당신이 그들로부터 그리고 그들에 관하여 배울 수 있는 것은 모두 배우도록 하라는 것이다. 자서전으로 시작하여 이 사람들이 자기 자신에 대하여 무엇을 말하였는가를 찾아내도록 하며, 다음에는 다른 사람들이 그들에 대하여 무엇을 말하였는지를 읽도록 하라. 그들의 설교들을 읽으며 다른 사람들이 그들의 설교를 어떻게 평가하는지를 읽으라. 당신이 가지고 있는 흥미는 어느 것이나 다 — 당신이 전에는 들어 본 적이 없는 사람들의 삶이나 그 시대의 신학적 논쟁점들 — 좇으라. 그리고 오늘날 당신의 삶과 사역에 적용되는 원리들과 교훈들을 파악하라. "우리가 역사에서 배우는 것 한 가지는 우리가 역사로부터 배우지 않고 있다는 사실이다"라고 헤겔(Hegel)은 말하였으나,[1] 우리가 설교의 역사를 연구할 때 그것이 우리에게 적용될 필요까지는 없다.

우선, 당신의 서가에 〈위대한 설교의 보고〉(*A Treasury of Great Preaching*)를 더하라. 이 책은 원래 〈위대한 설교의 20세기〉로 출판된 것으로 클라이드 팬트 주니어(Clyde E. Fant Jr.)와 윌리엄 핀슨 주니어(William M. Pinson Jr.)가 편집한 것이다(Nelson, 1995). 설교자들과 설교에 대한 이 백과 사전은 예수님과 사도들로부터 시작하여 당신을 수세기 걸쳐서 빌리 그래함(Billy Graham)과 마틴 루터 킹 주니어(Martin Luther King Jr)에게로 인도할 것이다. 전기적 수필집은 각 설교자에 이어서 그들의 설교에 대한 연구와 그들의 설교중에 선별된 설교들을 소개해 줄 것이다. 그리고 참고 문헌들은 당신에게 어느 책들을 읽어야 그 전집에 포함된 95명의 설교자들을 더 깊게 연구할 수 있는가를 말해 줄 것이다.

설교의 역사에 대한 한 권으로 된 종합적인 접근을 위하여, 데이빗 라슨(David L. Larsen)이 쓴 〈설교자들의 벗〉(*The Company of Preachers*, Kregel, 1998)이 당신의 가장 좋은 선택이 될 것이다. 이 책은 구약의 선지자들로부터 시작되는데 당신을 1963년에 죽은 토우저에게까지 인도할 것이다. 만일 당신이 웨버(F.R. Webber)가 쓴 세 권으로 된 낡은 전집인 〈영국과 미국에 있어서 설교의 역사〉(*A History of Preaching in Britain and America*, Milwaukee: Northwestern Publishing, 1952, 1955, 1957)를 찾을 수 있다면, 당신은 당신의 선집(Selection of Sermon)에 보고(寶庫)를 더하는 것이 될 것이다. 웨버는 영국 켈틱 교회의 설교로 시작하여 21세기 전반부의 설교자들로 끝을 맺는다. 그의 마지막 장은 복음적 설교에 대한 것인데, 만일 강단이 복음적 교리를 전하기에 실패한다면 교회는 약화되고 죽게 될 것이라고 경고한다.

에드윈 다간(Edwin C. Dargan)은 두 권으로 된 설교의 역사를 썼는데 그것은 1905년과 1912년에 출판되었으며 영국과 미국에서의 설교뿐만 아니라 대륙의 설교도 다루고 있다. 그는 사도적 교회로 시작하여 19세기의 마지막 해들로 마감을 하였다. 베이커 북 하우스는 랄프 턴불(Ralph G. Turnbull)이 쓴 세 번째 책과 더불어 1974년에 이런 책들을 재출판하였는데 턴불의 책은 1950년으로 거슬러 올라가서 이야기를 하고 있으며 거의 세계 전역의 설교들을 다루고 있다.

과거로부터의 음성

출판된 설교들을 읽는 것은 쉬우나 그것들을 정확하게 해석하는 것은 항상 쉽지는 않다. 그 한 예로, 당신은 설교자의 음성을 들을 수 없으므로 그가 당신이 읽고 있는 메시지를 줄 때 당신은 그가 어떻게 말했는지를 알지 못한다. 또 하나의 제한 사항은 당신은 회중의 반응을 알지 못한다는 것이다. 만일 그 설교들을 기억하여 보고한 속기사들이 "큰 웃음소리"나 "큰 소리로 아멘"을 본문에 첨가하였다면 오늘날의 독자들에게 도움이 되었을 것이나, 그 설교자들은 아마도 그런 일에 찬성하지 않았을 것이다.

그러나 이런 두 가지 장애물들을 넘어서는 것으로 거의 모든 출판된 설교들이 출판을 위하여 편집된 것이라는 사실이 있다. 원고를 보고 구술한 설교를 제외하고는 말이다. 구두적 언어를 문자적 언어로 번역하는 것은 쉽지 않다. 왜냐하면 문자는 설교자의 얼굴 표정과 그의 음성의 음조를 충분히 전달할 수가 없기 때문이다. 나는 히브리서 7:2에 대한 스펄전의 설교 원본을 가지고 있는데, 모든 단락은 비록 구두점 뿐이라 할지라도 그 안에 교정을 요하는 요소들을 가지고 있다. 나는 글씨를 잘 쓰는 사람은 아니나, 그 교정쇄에 있는 글씨를 그의 자서전 안의 샘플들과 비교하니 그 위대한 사람 자신이 편집한 듯이 보인다. 그런데 그가 또는 그 편집을 한 사람이 누구건 간에 그 내용이 많은 변형을 가져온 것이 분명하다.[2] 내가 사역을 하는 동안 나는 종종 출판을 위하여 라디오 메시지들을 편집해야 했는데, 나는 필사한 것을 다시 쓰는 것보다는 휘갈겨 쓴 것으로부터 메시지를 추출하는 것이 더 쉽다고 확언하는 바이다. 설교자의 인격이 필사본을 손대지 않고 그냥 둘 때는 보다 더 큰 능력으로 흘러나오기 때문이다. 그러나 편집하지 않은 상태의 설교를 출판하고자 하는 출판업자들은 많지 않다. 그리고 그것들이 그렇게 출판되는 것을 내가 원할까에 대해 나 역시도 확신이 없다.

만일 당신이 미리 충분히 검토하고 설교자들과 그들의 시대에 대하여 배운다면, 당신은 그들의 출판된 설교들이 당신에게 더 많은 것을 의미한다는 것을 발견하게 될 것이다. 그러나 어느 누구의 설교든 직업적인 설교자가 학문적 숙제를 해 내듯이 읽지는 말라. 먼저 그 설교를 하나님과 그분의 은혜에 대하여 보다 더 많이 아는 것이 필요한 죄인으로서 읽으라. 우선 당신 자신의 영혼을 위하여 영양분을 섭취하고 학문적인 내용은 후일을 위하여 남겨 두라. 당신이 그 설교를 연구할 정도까지 여유가 있다면, 여기에 당신이 묻고 싶어할 수 있는 몇 가지 질문들이 나열되어 있다. [3]

> 1. 서론은 당신의 관심을 끌며 당신으로 하여금 계속 읽기를 원하게 만드는가? 서론이 너무 긴가? 너무 짧은가?
> 2. 명제적 진술은 분명하고 간결하고 마음을 끄는 것인가? 그것은 본문에 맞는 것인가 아니면 본문과 거의 관계가 없는 것인가?
> 3. 설교의 주안점들이 단순하게 진술되었으며 목적 진술과 직접 연관이 되는가? 주안점들과 관련하여 설교 자체로부터 빗나가는 인위적인 어떤 것이 있는가?
> 4. 설교의 전개는 서론의 약속을 성취시키는가?
> 5. 예화들은 전개에 기여하고 있는가?
> 6. 설교자가 어떻게 진리를 삶에 적용시키는가?
> 7. 이 설교는 본문과 극히 긴밀한 관계가 있는가?
> 8. 설교자는 메시지를 어떻게 결론짓고 있는가? 그것은 효과적인가?
> 9. 메시지는 어떻게 예수 그리스도의 복음을 선포하고 있는가?
> 10. 메시지를 보다 더 효과적이게 만들기 위해 당신은 어떤 변화들을 주고 싶은가?

한 권으로 된 설교 선집들은 많이 나와 있다. 내가 쓴 〈세계의 위대한 설교들의 보고〉(*A Treasury of the World's Great Sermons*) (Kregel, 1977)는 당신에게 123명의 뛰어난 설교자들을 소개해 줄 것이다. 제임스 콕스(James W. Cox)가 편집한 〈20세기의 강단〉(*The Twentieth Century Pulpit*)에는 소명과 신학적 교파가 흥미 있으면서도 다양한 37명의 설교자들의 설교들이 들어 있다. 그것은 뛰어난 모음집일 뿐만 아니라 그것은 또한 앤드류 블랙우드가 편집한 〈개신교 강단〉(*The Protestant Pulpit*, Abingdon, 1947)의 좋은 동반 도서이기도 하다. 아주 훌륭한 설교들 총서는 보다 더 광범위한 신학적 다양성을 담고 있다. 그러나 나는 하나님과 그리스도와 성경을 나 자신의 것과는 다른 안경을 통해 보는 설교자들의 설교들을 읽기를 즐긴다.

때가 되면 당신은 어떤 설교자들은 당신에게 분명하게 말하는 반면에 다른 사람들은 당신을 지루하게 만든다는 것을 발견하게 될 것이다. 그러나 당신이 다른 사람들을 거부하기 이전에 그들의 사역이 당신을 왜 감동시키지 못하는지를 알아내기 위하여 노력하라. 일단 당신이 그 신비를 풀었다면 흥미와 능력을 가지고 이해시키는 한두 명의 설교자들을 선택하여 그들과 그들의 설교들을 연구하도록 하며 마침내 그들이 옛 친구들이 되게 한 다음에 또 다른 사람을 찾아 연구하도록 하라.

나는 나 자신이 선호하는 사람들을 당신에게 강요하고 싶지는 않다. 그러나 나의 마음과 지성에 가장 많이 와 닿는 설교들을 한 설교자들은 찰스 해돈 스펄전(Charles Haddon Spurgeon), 알렉산더 화이트(Alexander Whyte), 캠벨 모건(G. Campbell Morgan), 알랜산더 맥클라렌(Alexander Mclaren), 클라렌스 매카트니(Clarence Macartney), 클로비스 채펄(Clovis Chappel), 조지 모리슨(George Morrison), 조셉 파커(Joseph Parker), 로벗슨(F.W. Robertson), 왈러스 헤밀톤(L. Wallace Hamilton), 로봇 머레이 체니(Robert Murray M' Cheyne), 조운즈(J.D. Jones), 존 헨리 조웨트(John Henry Jowett), 필립스 브룩스(Phillips Brooks), 제임스 스튜어트(James S. Stewart), 그리고 조지 트루에트(George W. Truett)이다. 만일 당신이 가장 좋아하는 설교자들 중의 몇몇이 이 목록에서 빠졌다 할지라도 당황하지 마라. 그들이 없는 것은 어느 한 명이 잘못이라는 뜻이 아니라 다만 우리는 다른 취향과 흥미를 가지고 있다는 것을 뜻할 뿐이다. 내가 '친숙하게 되어야' 할 몇몇 뛰어난 설교자들이 여전히 남아 있으며, 나는 내가 너무 늦기 전에 그렇게 되기를 바란다.

설교에 대한 책들

매년 나는 내가 이전에 읽었던 책을 복습할 뿐만 아니라 설교의 어떤 국면에 대한 새로운 책들을 읽고자 노력한다. 만일 당신이 설교학에 대하여 충분히 책들을 읽었다면, 당신은 그들이 세 가지의 큰 부류로 나뉜다는 것을 발견하게 될 것이다. 첫째는 고전적 설교학인데, 이것은 1688년 장 끌로데(Jean Claude)의 〈설교 작성에 대한 소고〉의 출판과 더불어 시작이 되었으며4) 19세기의 중간쯤에서 끝이 났을 것이다. 둘째는 과도기적 설교학으로, 1950년부터 1975년까지를 말한다. 이 때 우리는 통신 이론과 문학적 비평을 발견하였으며 새로운 지식을 옛날의 기술에 적용하기 시작하였다. 셋째는 현대적 설교학(1975년 – 현재)인데, 이것은 우리가 현재 있는 위치이다. 우리는 옛것과 새 것을 결혼시키면서 그 결혼이 오늘날 그 일을 보다 더 잘 하게 만들 설교에 대한 접근법을 낳게 될 것을 바라고 있다.

나는 우리가 고전적 설교학의 원리들을 하나님의 말씀의 해석에 적용하지 말고 그것들을 던져버려야 한다고 주장하고 있는 것은 아니다. 그러나 나는 우리가 변칙적인 시대 가운데서 설교하며 청교도들이나 찰스 스펄전이나 빌리 그래함을 흉내냄으로써 우리가 새 천년에서도 사람들의 마음과 지성에게 도달하게 될 보장을 받는다고 생각해서는 안 된다고 느낀다. 각각의 새로운 세대는 설교학적인 자료들과 이전에 있던 사람들의 설교 스타일들을 평가하고 그것들로부터 배우며 좋은 것들은 견지하여야 한다. 이것은 우리가 과거를 거부하고 밀어닥치는 모든 강단 개혁을 자동적으로 받아들여야 한다는 것을 의미하지 않는다. 뭔가가 오래 되었다는 사실은 그것이 나쁘다는 것을 의미하지 않으며 그것이 새롭다는 사실이 자동적으로 그것을 선하게 만드는 것도 아니다. 만일 내가 광대의 옷을 입고 설교한다면 틀림없이 대중의 관심을 끌 것이나 나는 그렇게 하는 것은 메시지를 더 좋게 한다거나 의사 전달을 보다 더 쉽게 한다고 확신할 수가 없다.

고전적인 설교학

이 목록을 선도하는 것은 필립스 브룩스(Phillips Brooks)의 〈설교에 대한 강연들〉(*Lectures on Preaching*)인데 여러 번 출간되어 오래된 것도 있고 새것도 있다. 크레겔(Kregel)판(版)은 〈설교의 즐거움〉(*The Joy of Preaching*)이라고 불린다. 나는 나의 설교학 강좌에서 자주 그 책을 읽도록 요구하였다. 어떤 학생은 반드시 "설교에 대하여 1877년보다 더 현대적인 책들은 없습니까?"라고 질문하리라는 것을 알면서도 말이다. 나의 대답은 항상 "있습니다. 있고 말고요. 그러므로 나는 여러분이 그것들도 읽기를 추천하는 바입니다. 그러나 나는 미국에서 설교학에 대해 출판된 대부분은 필립 브룩스 책들의 각주에 지나지 않는다고 여전히 느끼고 있습니다"였다. 대체로 볼 때, 1938년 내내 진행된 설교에 대한 예일대 강의 시리즈는 주로 고전적 설교에 대한 것이었다. 1940년에 출판된 〈이 시대에서의 설교〉(Preaching in Theses Times)는 의미심장한 전환점의 시작이었으며, 후대의 책들은 그 범주를 넓혀 놓았다.[5]

나는 고전적 범주 안에 수백 개의 제목들을 올려놓을 수 있겠으나 다만 몇 가지만으로 제한하고자 한다. 존 헨리 조웨트의 〈설교자 : 그의 생애와 사역〉(The Preacher: His Life and Work)은 예일 대학 연속 강연들의 일부이며 조지 버트릭(George A. Buttrick)의 〈예수께서는 오셔서 설교하셨다〉(Jesus Came Preaching)도 그렇다. 핼포드 룩코크(Halford E. Luccock)의 〈사역자의 연구 모임〉(In the Minister's Workshop)은 여전히 유익한 책이며 찰스 콜러(Charles W. Koller)와 로이드 페리(Lloyd M. Perry)가 쓴 책들도 그렇다. 후자의 두 사람은 신학교 시절 나의 설교학 교수들이었으며, 그분들에게 나는 많은 빚을 졌다. 베이커 북 하우스는 콜러의 〈주해 없는 주석적 설교〉(Expository Preaching without Notes, 1962)를 그의 〈주해 없이 한 설교들〉(Sermons Preached without Notes, 1964)과 연합시켜서 〈주해 없이 설교하는 법〉(How to Preach without Notes)이라는 한 권의 책으로 만들었다. 당신은 그의 설교학적 접근법을 배우며 또 동시에 그것이 산출되는 것을 도왔던 설교들을 읽을 수 있을 것이다. 페리의 많은 책들 중에서 나는 〈성경적 설교 안내서〉(*Biblical Sermon Guide*, 베이커, 1970)와 〈오늘날의 세계를 위한 성경적 설교〉(*Biblical Preaching for Today's world*, 무디, 1973; 개정판, 1990)가 가장 좋은 두 가지의 것이라고 생각한다. 그러나 페리의 책 모두가 도움이 된다.

고전적 전통 안에 있는 다른 유익한 책들은 조지 스위이지(George E. Sweazey)의 〈기쁜 소식을 전함〉(*Preaching the Good News*, Prentice Hall, 1976), 마틴 로이드 존스(D. Martin Lloyd Kones)의 〈설교와 설교자들〉(*Preaching and Preachers*, Hdder and Stoughton, 1971), 제임스 블랙(James Black)의 〈설교의 비결〉(*The Mystery of Preaching*, Zondervan, 1978)이다. 가장 도움이 되는 조사(調査)는 리처드 리스 (Richard Lischer)가 편집한 〈설교의 이론들〉(*Theories of Preaching*, Labyrinth Press, 1987)인데, 이것은 다양하고 광범위한 설교자들과 학자들로부터 나온 48가지의 읽을 거리들의 선집이다.

과도기의 설교학

모든 학문적 과목은 항상 어떤 종류의 과도기를 경험하고 있는 중이다. 따라서 과도기라는 말은 사용하기에 가장 알맞는 단어가 아닐 수가 있다. 나는 1950년부터 아마도 1975년까지의 기간에 대해 언급하고 있는 것일텐데, 그 때 설교는 일반적으로 그리고 주석적 설교는 특별히 공격을 받고 있었다. 새로운 이론들과 방법들이 전통적인 설교학에 도전을 가하고 있을 때였다. 그래디 데이비스(H. Grady Davis)가 쓴 〈설교 구상〉(*Design for Preaching*, Fortress, 1958)은 한 모금의 신선한 공기를 가져왔으며 여전히 읽기 흥미로운 책으로 남아 있다. 사상, 형태, 기능, 그리고 실체에 대한 데이비스의 논의들은 새로운 기술을 소개하였을 뿐 아니라 몇몇 소중히 간직했던 전통들을 분쇄하기도 하였다. 1961년에 찰스 스트리브너스 선즈(Charles Scribner's Sons)는 논쟁을 좋아하는 제임스 파이크(James A. Pike)가 쓴 〈설교에 대한 새로운 시각〉(*A New Look at Preaching*)을 출판하였는데, 그는 중상주의적 접근법을 취한 나머지 설교자를 장사꾼으로 만들었다. 이 비성경적인 비유에도 불구하고, 그의 작은 책은 새로운 시도들을 여는 데 일조하였다.

프레드 크래독(Fred B. Craddock)이 쓴 〈권위 없는 한 사람〉(*One without Authority*, Abingdon, 1971)은 내가 그것을 교실에서 사용할 때마다 자극적인 책으로 판명이 났다. 왜냐하면 그것은 귀납적 설교에 강조점을 두고 있기 때문이다. 도르 홀(Thor Hall)의 〈설교의 미래적 양태〉(*The Future Shape of Preaching*, Fortress, 1971)는 설교를 현대적 미디어의 상황에 놓이도록 하는 한편 사람들이 우리가 말하고 있는 것을 알게 하고자 우리가 "종교적인 언어"를 이해하고 사용하도록 촉구한다. 1979년을 위한 예일 대학 강의들은 존 클레이풀(John R. Claypool)이 하였는데, 그 내용은 〈설교 사건〉(*The Preaching Event*, Word, 1980)이라는 제목으로 출판되었다. 클레이풀(Claypool)은 설교자를 화해시키는 자, 선물을 주는 자, 증인, 양육자 등으로 제시하는데, 이 모두는 강력히 목회적인 것처럼 보이나 이 비유들은 또한 설교에 대하여 말할 뭔가를 가지고 있기도 하다. 바로 그 해에 햇돈 로벗슨(Haddon W. Robertson)이 〈성경적 설교〉(*Biblical Preaching, Baker*, 1980)를 출판하였는데, 이는 고전적 설교학과 현대적 사상을 현명하게, 그리고 조심스럽게 융합한 것이었다.

〈두 세계 사이에서〉(*Between Two Worlds*, Eerdmans, 1982)에서 존 스토트(John R. W. Stott)는 설교자를 다리 축조자로 보았는데, 그 축조자는 만일 그가 의사 전달 균열을 메우고자 한다면 성경 속에서 계시된 하나님의 마음을 그리고 현대 사회 안에서 보여지는 대로의 청중들의 마음을 알아야만 할 것이다. 대단한 도전이지만 그는 우리에게 어떻게 그것을 충족시킬 수 있는지에 대하여 말한다. 돈 에이코크(Don M. Aycock)가 편집한 〈새 시대의 전령들〉(*Heralds to a New Age*, Brethren Press, 1985)은 설교의 여러 국면에 대한 논문 모음집으로, "21세기에는 설교가 무엇처럼 될까?"라고 묻는 전문가들에 의하여 쓰어졌다. 몇몇 장들은 도움은 되나 단조롭다. 소워드 힐트너(Seward Hiltner)는 그러나 목회자를 써커스의 광대로 보고 책을 썼으며, 윌리엄 헐(William E. Hull)은 고린도후서 4:5에 근거하여 주석적 논문을 썼는데 그것은 약간의 소요를 제거해 버렸다. 르우엘 하웨(Reuel L . Howe)는 의사 전달의 장애물들을 다루었으며, 얼 퍼거슨(Earl H . Furgeson)은 우리에게 설교에서의 추상적 내용들에 대해 경고한다.

모든 전환기적 책들 중에서 가장 크고 가장 혼란을 가져오는 것은 데이비드 버트릭(Davis Buttrick)이 쓴 〈설교술 : 변천과 구조들〉(*Homiletic: Moves and Structures*, Fortress, 1987)이었는데 거기서 저자는 현상학을 설교에 적용시켰다. 그는 자신이 그 책에서 탐구하고자 한 목적을 "의식 세계에서 설교들이 어떻게 발생하는가"로 정의(定義)하였다. 여기서 말하는 의식 세계는 설교자와 듣는 자 모두의 의식 세계를 말한다. 다른 말로 하면, 설교자들은 사람들에게 그들이 무엇을 해야 하는가에 대하여 단순히 말하는 것이 아니다. 그들은 사람들이 그들이 해야 할 일을 이해하도록 돕는다. 설교는 발견이며 또 경험이지 단순히 종교적인 교육만은 아니다. 마지막으로, 브라이언 채플(Bryan Chapell)의 〈그리스도 중심적인 설교〉(*Christ-Centered Preaching*, Baker, 1994)는 옛날의 형태들을 가지고 새로운 일들을 하고 있으며 우리가 주석적 설교에 흥분할 수 있도록 돕는다.

현대의 설교학

나는 여기서 저작권의 날짜에 대해서가 아니라 그 책들 안에서 발견되는 내용에 대하여 말하고 있다. 클라이드 팬트 주니어가 쓴 〈오늘날을 위한 설교〉(*Preaching for Today*, Harper and Row, 1975)는 저자가 "성육신적인 설교"라고 부르는 것을 강조하고 있다. 그것은 설교의 두 "이단적" 극단들을 함께 묶고자 노력하였다. 우리는 역사적인 것과 신학적인 것에 너무 마음을 빼앗기지 않으면 현대적인 것과 인간적인 것에 너무 마음을 빼앗기고 있다. 다른 말로 하면, 현재 시제로 된 설교를 다룬 책이다.

만일 당신이 프레드릭 비이크너(Frederick Buechner)의 글들을 발견하게 된다면, 당신은 큰 기쁨을 맛보게 될 것이다. 〈진실을 말하기 : 비극, 희극, 그리고 동화로서의 복음〉(*Telling the Truth: The*

Gospel as Tragedy, Comedy, and Fairy Tale)은 1977년에 하퍼와 로우에 의하여 출판되었으며 예일대학 연속 강좌에 비이크너가 공헌한 내용이라 할 것이다. 이 얄팍한 책은 그를 소설가와 설교자로 드러내고 있는데, 이는 그가 성경의 문학을 조사하고 그것이 이야기 인식이 강한 우리의 세계와 어떻게 관계되는가를 보여주기 때문이다. 비이크너의 몇몇 설교들을 읽는다면 당신은 반드시 〈대단한 패배〉(*The Magnificent Defeat*, Seabury, 1983)를 읽게 될 것이다. 만일 당신이 40년대와 50년대에 훈련을 받았는데 현대적 사고 방식에게 민감한 사람이 되기 원한다면, 비이크너를 충분히 섭취하는 게 도움이 될 것이다. 유사한 기질의 것으로는 유진 로우어리(Eugene L. Lowry)가 쓴 〈설교학적 구상〉(*The Homiletical Plot*, John Knox, 1980)이 있는데, 이것은 설화적 설교에 대한 빼어난 입문서이다.

칼빈 밀러(Calvin Miller)의 〈영, 말과 이야기〉(*Spirit, Word and Story*, Word, 1989; Baker, 1996)와 〈시장에서의 설교〉(*Marketplace Preaching*, Baker, 1996)는 모두 이야기로서의 설교를 강조하며 대중 매체의 영향을 받는 우리 회중들의 생각을 이해해야 할 필요성을 강조한다. 마이크 그레브스(Mike Graves)의 〈교향악 같은 설교〉(*The Sermon as Symphony*, Judson, 1997)는 신약에 나오는 열 가지의 문학 형태들을 조사한 후 현대적 설교들을 가지고 이런 본문들이 어떻게 설교되어질 수 있는지를 예로 보여 준다. 구도자에게 신경을 쓰는 예배들에 관해 아주 많은 말을 하는 시대에, 저자는 "형태에 신경을 쓰는 설교들"을 위하여 탄원한다. 잘 알려진 신학자 토마스 토런스(Thomas F. Torrance)는 오늘날의 과학적 지성을 〈오늘날 그리스도를 전하기〉(*Preaching Christ Today*, Eerdmans, 1994)를 가지고 맞을 수 있도록 도와 준다. 이것은 두 편의 연설인데 그 안에서 토런스 박사는 설교자와 과학자가 우리가 상상할 수 있는 것보다 공통점이 더 많이 있다는 것을 보여 준다.

이 책을 포함하여 당신이 어떤 설교학 책에서 발견한 모든 것을 충동에 의하여 받아들이지 말라. 그리고 모든 설교에서 당신이 읽은 모든 것을 먼저 말씀과 주의 깊은 실천에 의하여 시험해 보기 전에는 모방하지 말라. 모든 유행을 다 따르지 말며, 동시에 당신의 눈과 귀를 성령께서 교회에게 말씀하시고 계시는 것에 대해, 그리고 그분의 사람들 가운데서 행하고 계시는 것에 대해 막지 말라. 당신은 위대한 전통의 일부이며 당신은 최선을 다하기를 원하고 있다. 누가 알겠는가? 미래 어느 날엔가 몇몇 열심 있는 설교학 학도들이 당신의 설교들을 읽고 연구하게 될는지 말이다!

각주

Notes

Notes 각주

1장. 우리는 설교한다.

1. John A. Broadus, *A Treatise on Preparation and Delivery of Sermons* (New York: A. C. Armstrong, 1897), 17. Though Published a century ago, this is a basic text on homiletics and deserves to be read today. In 1944 Harper Brothers published a revised edition edited by Jesse B. Weatherspoon.

2. Phillips Brooks, *Lectures on Preaching* (Grand Rapids: Baker, 1969), 3-4. Most of what has been published on homiletics in America since 1877 is an expansion of what Brooks said in these lectues. Each time I read them, I'm struck with how contemporary and fundamental they are.

3. John Watson, *The Cure of Souls* (London: Hodder and Stoughton, 1896),3.

4. D. Martyn Lloyd-Jones, *Preaching and Preachers* (London: Hodder and Stoughton, 1971),9.

5. John R. W. Stott, *Between Two Worlds: The Art of Preaching in the Twentieth Century* (Grand Rapids: Eerdmans, 1982), 16. Stott uses "bridge-building" as his guiding metaphor for preaching. In his autobiography, *The Living of These Days*, Harry Emerson Fosdick used the same

metaphor: "A good sermon is an engineering operation by which a chasm is bridged so that spiritual goods on one side – 'the unserchable riches of Christ' – are actually transported into personal lives on the other" (New York: Harper, 1956), 99.

6. Bryan Chapell, *Christ-Centered Preaching*(Grand Rapids: Baker, 1994), 17. Robert G. Rayburn was the founding president of Covenant Theological Seminary and served as professor of homiletics from 1956 to 1984.

7. In the parable of sower(Matt. 13:1-9, 18-23), the seed is the Word of God; but in the parable of the weeds (Matt. 13:24-30, 36-43), the good seed represented the children of the kingdom. The Word has become flesh.

8. Brooks's definition appears in *Lectures on Preaching*: "Preaching is the communicaion of truth by man to man" (p.5).

9. Jacques Ellul, *The Humiliation of theWord*, trans. Joyce Main Hanks (Grand Rapids: Eerdmans, 1985), 109. I recommend this book to the serious student of preaching. Ellul discusses the differences that exist between the "image" culture and the "word" culture and how these differences relate to the matter of sharing the Word of God with a lost world.

10. G. A. Barbour, *The Life of Alexander Whyte* (London: Hodder and Stoughton, 1923),307-8.

2장. 우리는 성경을 설교한다.

1. Quoted in Stott, *Between Two Worlds*, 103.

2. Spurgeon, *The Metropolitan Tabernacle Pulpit*, vol. 27(pasadena. Tex.: Pilgrim, 1984), 42.

3. Stanley and Patricia Gundry, *The Wit and Wisdom of D.L. Moody* (Chicago: Moody, 1974), 40.

3장. 우리는 그리스도를 설교한다.

1. Spurgeon, *The Metropolitan Tabernacle Pulpit,* vol. 13, 489.

2. The difference between the "milk" and the "meat" in Heb. 5:9-6:3 has to do with the distinction between Christ's finished work on earth ("milk") and his present unfinished work in heaven ("meat"). The writer had discussed the basic principles of his earthly work and wanted to move into a discussion of his present ministry in heaven as high priest "according to the order of Melchizedek," but the spiritual dullness of his readers made this difficult.

3. Quoted in Ralph G. Turnbull, *A Ministers's Obstacles*(New York: Revell, 1946), 45.

4. Brooks, *Lectures on Preaching,* 46-47.

5. Spurgeon, *Metropolitan Tabernacle Pulpit,* vol. 14, 467.

4장. 우리는 현실의 사람들에게 설교한다.

1. Henry David Thoreau, *Walden* (Princeton, N.J.: Princeton University Press, 1971), 8.

2. James Boswell, *The Life of Samuel Johnson*, vol. 1 (London:Jams Dent, 1973), 163.

3. Sad to say, Arthur Godfrey violated his own principle of the personal touch when on October 19, 1953, he fired singer Julius LaRosa while the broadcast was being aired. It didn't help Godfrey'sratings.

4. Note in this verse that Paul was right in message("error"), his motives, and his methods. People who say, "I don't care what your methods are so long as your message is right" wouldn't get along well with he apostle. There are some methods of ministry that are unworthy of the message we preach and the Christ we represent.

5. See Ashley Montagu and Floyd Matson, *The Dehumanization of Man* (New York: McGraw-Hill, 1983),

and Martin L. Gross, *The Psychological Society*(New York: Random House, 1978).

6. George Orwell, *Nineteen Eighty-Four*, part3, Chapter 3.

7. See Hugh Evan Hopkins, *Charles Simeon of Cambridge*(Grand Rapids: Eerdmans, 1977), 63-65.

8. Henri J. M. Nouwen, *With Open Hands* (Notre Dame, Ind.: Ave Maria Press, 1972), 7.

9. Boswell, *The Life of Samuel Johnson*, 288.

10. *George Whitefield's Jouranals* (London: Banner of Truth Trust, 1965), 79.

11. Brooks, *Lectures on Preaching*, 77.

12. Thoreau, *Walden*, 4.

13. W. Robertson Nicoll, *People and Books* (New York: George H. Doran, n.d), 106-7.

14. Fosdick, *The Living of These days*, 99. "Only the preacher proceeds still upon the idea that folk come to church desperately anxious to discover what happened to the Jebusites" (p92).

15. Jone Henry Jowett, *The Minister: His Life and Work*(New York: Harper, 1912), 136-37.

16. Cited in Robert B. Downs, *Books That Changed the World* (New York: New American Library, 1956), 129.

17. See Elton Trueblood, *The Humor of Jesus* (New York: Harper and Row, 1964): Cal Samra, *The Joyful Christ* (New york: Haper and Row, 1986): and John W. Drakeford, *Humor in Preaching* (Grand Rapids: Zondervan, 1986).

5장. 우리는 이해되는 말로 설교한다.

1. Since this isn't a textbook on hermeneutics. I'll not deal with principles of Bible study or how to move from exegesis to exposition. Some books you will want to consider are: Elliot E. Johnson. *Expository Hermeneutics : An Introduction* (Grand Rapid: Zondervan, 1990): Walter C. Kaiser. *Toward an Exegtical Theology* (Grand Rapids:Baker, 1981); Walter L.

Liefld, *From Text to Sermon: New Testament Exposition* (Grand Rapids: Zondervan, 1984); A. Berkeley Mickelsen, *Interpreting the Bible* (Grand Rapids: Eerdmans, 1963); Ramesh Richard, *Scripture Sculpture* (Grand Rapids: Baker,1998); Anthony C. Thiselton, *The Two Horizons* (Grand Rapids: Eerdmans, 1980); Keith Wilhite and Scott M. Gibson, eds., *The Big Idea of Biblical Preaching* (Grand Rapids: Baker, 1998); Roy B. Zuck, *Basic Bible Interpretation* (Colorado Springs, Colo.: Chariot Victor, 1991).

2. I take it that producing fruit – a Changed Life that glorifi es God – is the main evidence of conversion. See Matthen 3:7-12; 7:-15-27; John 15:1-16; Roman 7:1-6; Galatians 5:22-23.

3. Frederick W. Robertson, *Sermons: Second Series* (London: Kegan, Paul, Trench Trubner and Co., 1900), 94.

4. See Joel Porte, ed., *Emerson in His Journals* (Cambridge, Mass: Harvard University Press, 1982), 301. During a seminary class one day, a student asked me, "When I' m in the pastorate, do I have to spend thirty hours a week on my Greek?" "How many churches has he pasored?" was my next question. The anwer was, "None." At that point a second student spoke up: "My Hebrew instructor said we have to spend twenty hours on Hebrew!" "Gentlemen," I said, "don' t lost your skills with biblical languages. You' ve worked hard to develop them and it' s a shame to waste your gains. But if you' ll lose your church." Blessed are the balanced.

5. It' s remarkable how many inaccurate statements and biographical myths are attributed to famous people and passed from one preacher or writer to another. *They Never Said It* by Paul F. Boller Jr. and John George (New York: Oxford University Press, 1989) is a dependable resource for checking such things, and you ought to have two or three good quotation books in your library. I recommend Angela Partington, ed., *The Oxford Dictionary of Quotations* (New

York: Oxford University Press, 1992); Robert Andrews, ed. *The Columbia Dictionary of Quotations*(New York : Columbia University Press, 1993);and Rhoda Thomas Tripp, comp., *The Columbia Dictionary of Quotations* (New York:Thomas Y. Crowell, 1970). When in doubt about a story or quotation don't use it.

6. Lloyd Perry used to say the art of expository preaching lay in knowing when to use the wastebasket.

7. See Faris D. Whitesell and Lloyd M. Perry, *Variety in Your Preaching* (Westwood, N.J.: Revell, 1954); Lloyd M. Perry, *Biblical Sermon Guide* (Grand Rapids: Baker, 1970); Charles W. Koller, *Expository Preaching without Notes* (Grand Rapids: Baker, 1962).

8. Haddon W. Robinson, *Biblical Preaching: The Development and Delivery, of Expository Messages* (Grand Rapids: Baker, 1980). See also Willhite and Gibson, eds., *The Big Idea of Biblical Preaching*.

9. Jowett, *The Minister*, 133.

10. Alfred Kazin and Daniel Aaron, eds., *Emerson: A Modern Anthology* (Boston: Houghton Mifflin, 1958), 377.

11. H. Grady Davis, *Design for Preaching* (Philadelphia: Fortress, 1975), 245.

12. The thesaurus on your computer program is handy and helpful and I use mine frequenl, but it can't take the Place of a good dictionary, especially a dictionary of synonyms. Just as soldiers must know their weapons and carpenters their tools, so preachers must know words.

6장. 우리는 변화를 가져오기 위하여 설교한다.

1. John Ciardi and Miller Williams, *How Does A Poem Mean?* 2d ed. (Boston: Hougton Mifflin, 1975),2.

2. Hopkins, *Charles Simeon of Cambridge*, 62.

3. Skevington Wood, *John Wesley: The Burning Heart* (Grand Rapids: Eerdmans, 1967), 159.

4. This material is adapted from chapter 3 of my book *Be Wise* published by Chariot Victor Publishers, Colorado Springs, Colorado (1983), and is used with permission of the publisher.

5. It's unfortunate that this important passage is preached as though Paul were writing about the Christians building their lives instead of building the Church. While there is a personal application, the basic interpretation forces us to deal with the local church.

6. If 2 Corinthians 3 isn't familiar to you, I suggest you pause now and read it carefully.

7. this inwardness of the Word is a part of the new covenant (Jer. 31:31-34; Heb. 8:8-12).

8. Three veils are involved in the account in 2 Corinthians 3:7-16: the literal veil Moses wore over his face, the veil over the hearts of the Jews that keeps them from seeing Christ in the Old Testament, and the veil we believers must remove when we read the Word and see Christ in it

9. The Word of God is compared to a mirror not only here in 2 Corinthians 3:18 but also in James 1:22-25.

10. For an explanation of the use of imagination in preaching, see my book *Preaching and Teaching with Imagination* (Grand Rapids: Baker, 1994).

11. Quoted in Stott, *Between Two Worlds*, 238-39. The statement was made by W. Macneile Dixon in his book *The Human Situation*.

7장. 우리는 속에서부터 넘쳐 나오는 것을 설교한다.

1. T.S Eliot, *On Poetry and Poets* (London: Faber and Faber, 1986),27.

2. A. T. Robertson, *Word Pictures in the New Testament*, vol. 4 (Grand Rapids: Baker, 1982), 582.

3. Halford Luccock. *In the Minister's Workshop* (New York: Abingdon, 1944), 144.

4. C. S. Lewis quotes this statement in *George Macdonald: An Anthology* (New York: Macmillan, 1947), 113.

5. Spurgeon, *The Metropolitan Tabernacle Pulpit,* vol. 17, 112.

6. Frances Bacon, *Essays of Frances Bacon* (Garben City, N. Y.: Doubleday), 138. You should read his entire essay "On Studies."

7. John Wesley, *The Works of John Wesley,* vol. 5 (Grand Rapids: Zondervan, n. d.),2.

8장. 우리는 예배의 한 행위로서 설교한다.

1. William Temple, *Reading in St. John' s Gospel,* 1st series (London: Macmillan and Co., 1939), 68.

2. J. I. Packer, *Beyond the Battle for the Bible* (Westchester, Ill.: Cornerstone Books, 1980), 85.

3. Arthur L. Teikmanis, *Preaching and Pastoral Care* (Englewood Cliffs, N. J.: Prentice Hall, 1964), 19.

4. Wesley, *The Works of John Wesley,* vol. 1, 163.

5. Quoted in Frank Cairns, *The Prophet of the Heart* (London: Hodder and Stoughton, 1934), 63-64.

6. Harry Emerson Fosdick, *The Living of These Days* (New York: Harper, 1956), 226-27.

9장. 우리는 하나님의 권능에 의지하여 설교한다.

1. The references in Acts to growth are:2:41, 47; 4:4; 5:14; 6:7; 9:31; 11:24; 12:24; 16:5; 19:20.

2. For a stimulating account of what the Holy Spirit can do when a church devotes itself to prayer, see *Fresh Wind, Fresh Fire* by Jim Cymbala, with Dean Merrill (Grand Rapids: Zondervan, 1997).

3. For a study of the importance of character in Christian ministry, see chapter 1 of Warren W. Wiersbe and David W. Wiersbe and David W. Wiersbe, *Ten Power Principles for*

Christian Service (Grand Rapids: Baker, 1997).

4. Andrew A. Bonar, *Memoirs and Remains of Robert Murray M' Cheyne* (London: Banner of Truth Trust, 1966), 282.

5. Richard Baxter, *The Reformed Pastor* (New Yok: American Tract Society, n.d.), 127. This is a classic work that ought to be read and reviewed regularly by every minister.

10장. 우리는 하나님께서 우리에게 주시는 메시지를 설교한다.

1. Bonar, *Memoirs and Ramains of .Robert Murray M' Cheyne,* 36.

2. G. Campbell Morgan, *The Study and Teaching of the English Bible* (London: James Clarke, n.d.)37.

3. For good examples of thematic sermons that are expositions of texts, see the books by Clovis Chappell and Clarence Macartney.

4. This series was eventually published in my book *Why Us? When Bad Things Happen to God's People* (Grand Rapids: Revell, 1984). There is also a Spire edition from Revell titled *When Life Falls Apart.*

5. See the biographical sermons of Alexander Whyte, George Matheson, Clarence Macartney, and Clovis Chappell. While ministering over *Back to the Bible Broadcast,* I did several biographical series: angry people of the Bible, happy people, the people at Jesus' feet, people whose prayers weren't answered, and so on.

6. See my *Preaching and Teaching with Imagination,* chapter 19.

7. Dorothy Sayers, *Christian Letters to a post-Christian World,* edited by Roderick Jellema (Grand Rapids: Eerdmans, 1969)13.

8. Brooks, *Lectures on preaching,* 90.

9. See Andrew Blackwood, *Special-Day sermons for*

Evangelicals (Great Neck, N.Y.: Channel Press, 1961). This is a fine collection of sermons by gifted preachers, covering not only the Christian Year but also Richard Allen Bodey, ed., *Good News for All Seasons* (Grand Rapids: Baker, 1987)and George Sweeting, *Special Sermons for Special Days* (Chicago: Moody, 1977).

10. Catherine Marshall, *A Man Called Peter* (New York: McGraw-Hill, 1951), 230-31

11장. 우리는 상상력을 가지고 설교한다.

1. For an extended treatment of this theme and a full bibliography, see my book *preaching and Teaching with Imagination*. See also Thomas H. Troeger,*Imagining a Sermon* (Nashville: Abingdon, 1990); Walter Breggerman, *The Prophetic Imagination and Finally Comes the Poet* (Philadelphia: Fortress, 1978 and 1989) ; Elizabeth Achtemeier, *Creative Preaching: Finding Words* (Nashville: Abingdon, 1980); and Northrop Frye, *The Educated Imagination*(Indiana Unversity Press, 1964).

2. See the many books by Leland Ryken for help in studying the Bible as literature, including *The Literature of the Bible* (Grand Rapids: Zonervan, 1974): *Triumphs of the Imagination* (Downers Grove, Ill.: Inter Varsity Press, 1979); and *The Liberated Imagination* (Wheaton ,Ill.:Harold Shaw, 1989).

3. See George Lakoff and Mark Johnson, *Metaphors We Live By* (Chicago Press, 1980).

4. The word *enticed* in James 1:14 is a pictures picture of bait put in a trap or on a hook

5. Francis Schaeffer, *Art and the Bible* (Downers Grove, Ill.: Inter Varsity ,1973), 5.

12장. 우리는 때마다 설교한다.

1. I still think that the best basic guidebook is Andrew W. Blackwood, *The Funeral: A Source Book for Ministers* (Philadelphia: Westminster, 1942). Unfortunately, it's out of print. Other helpful books are: Robert Blair, *The Minister's Funeral Handbook* (Grand Rapids: Baker, 1990); Dan S. Lloyd, *Leading Today's Funeral* (Grand Rapids: Baker, 1997); Granger Westberg, *Good Grief* (Grand Rapids: Fortress, 1982); Warren Wiersbe and David Wiersbe, *Comforting the Bereaved* (Chicago: Moody, 1985); Edwin S.Schneidman, *The Suicidal Mind* (New York: Oxford University Press, 1996); Peter Kreeft, *Love Is Stronger than Death* (San Fransisco: Ignatius, 1992); and David W. Wiersbe, *Gone but Lost: Grieving the Death of a Child* (Grand Rapids: Baker, 1992).

13장. 우리가 설교하는 것은 위대한 전통의 일부이다.

1. Hegel wrote this in the introdution to his *Lectures on the Philosophy of World History*.

2. Unfortunately, later editors have also altered Spurgeon. For a critical appraisal of "The Kelvedon Edition" of Spurgeon's sermons, see appendix 1 of *The Forgotten Spurgeon* by Iain Murray (London: Banner of Truth Trust, 1966). Except for the messages in *A Quest for Souls,* the sermons of George W. Truett suffered a similar fate. See Clyde E. Fant Jr. and William M. Pinson Jr *A Treasury of Great Preaching,* vol. 8 (Nashville: Nelson, 1995), 137-39.

3. For a helpful sermon study guide, see Andrew Blackwood's excellent anthology *The Protestant Pulpit* (Nashville: Abingdon, 1947), 305-6.

4. This seminal essay is found in volume 21 of Charles Simeon, *Expository Outlines on the Whole Bible* (Grand Rapids: Zondervan, 1956), 287-435.

5. For a survey of the Yale Lectures on Preaching, see Batsell Barrett Baxter, *The Heart of the Yale Lectures* (reprint, Grand Rapids: Baker, 1971) and Edger DeWitt Jones, *The Royalty of the Pulpit* (New York: Harper, 1951). Like any series involving many lecturers, it veries in quality and quantity from volume to volume; but it's still worth reading. Some of the books are now period pieces, but even antiques have their charm and value.

*

역동적 설교

*

초판 1쇄 — 2001년 4월 30일

*

지은이 — 워렌 W. 위어스비
펴낸이 — 이 규 종
펴낸곳 — 엘맨출판사

*

서울시 마포구 합정동 433-62

출판등록 - 제10 - 1562호(1985. 10. 29.)

*

TEL — (02) 323-4060, 322-4477
FAX — (02) 323-6416
E-mail — elman1985@hanmail.net

*

잘못된 책은 바꾸어 드립니다.

*

값 7,000원